JN134782

民法改正と請負契約

建設請負業者への影響

—100年振りの改正—

弁護士・中央大学法科大学院教授　升田　純 著

大成出版社

はしがき

本書は、民法の債権法関係の改正が行われたことから、改正に係る請負契約に関する部分について、改正法の内容、意義を現行法の内容を踏まえて解説するとともに、現行法の下における判例、裁判例の実用性を分析して紹介したものである。

今回の民法の改正については、改正法案が国会に提出された後、その審議がなかなか進行せず、法案の成立も危ぶまれるような事態が一時期噂されるような状態であったが、本年５月、国会でようやく法案が成立、公布され、３年以内に施行されることになったものである。今回の民法の改正は、民法の財産法（第１編から第３編まで。なお、第４編、第５編は、身分法に属する分野であり、第二次世界大戦後に全面的に改正された）の分野にとっては、民法の制定、施行後100年振りの大改正であると紹介されている。しかし、改正の内容が大改正であるかは、改正内容と現行法の内容・運用を比較対照して分析し、検討しなければ判断できないところであり、このような分析・検討は、改正内容の全体にわたって行うことが必要である。一言でいえば、一部の分野で実質的な変更が必要な部分、法律用語の変更が必要な部分があるものの、全体的には実質的な変更を要する部分は少ないということができる。なお、今回の民法の改正は、債権法の部分が対象になっているところ、債権法の主要な部分は契約自由の原則によって運用されていることからも、その影響の範囲・程度が推測される。

本書は、今回の民法の改正全般を解説するものではなく、請負契約に関する部分に限定し、しかも請負契約の利用者である建設工事に関する関係者の関心事を背景として解説を行ったものである。現行法の下における請負契約に関する規定、その解釈・運用、実際の判例・裁判例を踏まえつつ、改正法の内容、意義を解説するとともに、これらの判例、裁判例の改正法の下における実用性をも分析して解説するものである。本書は、このような視点から民法の改正法を解説することを企画し、執筆したものであるが、本書の企画どおりに、読者の方々に本書が利用していただくことができれば、幸いである。

本書の企画は、民法の改正法案が国会に提出された頃に始まったものであり、本書の構成、内容の具体化等の作業を行っていたが、前記の審議状況であり、一時期はほとんど忘れていたところ、改正法案の成立の報道に接して、急遽本書の執筆を本格的に再開し、今回、とりまとめることができたものである。本書の企画の段階から大成出版社の大塚徳治氏には大変お世話になったものであり、最後に感謝を申し上げたい。

平成29年10月

升　田　　　純

民法の改正と請負契約（建設請負業者への影響）
―100年振りの改正―

目　次

第１章　民法の改正の経緯及び概要

1　本書の概要

本書は、民法（明治29年法律第89号）が平成29年５月26日に国会で成立した民法の一部を改正する法律（平成29年６月２日に公布。平成29年法律第44号。本書では「改正民法」という。なお、改正の対象になった民法については、「現行民法」ということがある）によって改正されたことから、改正民法のうち請負契約に関する部分について、改正の内容、改正による建設工事の請負に与える影響、改正されなかった請負に関する規定等を解説するものである。

民法は、その内容からみると、大きく５つの内容から構成されている。第一編総則、第二編物権、第三編債権、第四編親族、第五編相続がこの構成である。第一編から第三編までは財産法、第四編、第五編は身分法と呼ばれることがある。なお、筆者は、偶々、平成４年４月から平成８年３月までの間、法務省民事局において財産法担当の参事官を務めていたことがあり、民法制定100周年（後記のとおり、民法は明治29年（1896年）に制定され、明治31年（1898年）に施行されたものであり、平成８年（1996年）が制定100周年、平成10年（1998年）が施行100周年に当たっていた）を前に、民法の財産法の改正の必要性等を内々検討していたことがある。

改正民法は、俗称で債権法の改正と呼ばれることが多いが、第三編の債権部分を中心にし、第一編総則に及ぶ内容の改正を行うものである。請負契約は、もちろん契約の中でも「典型契約」と呼ばれるものであり、債権法改正の内容の一部になっているものである。改正民法は、民法の財産法のうち、前記の意味の債権法を対象とする法改正である。

2　民法の制定とその後の経緯

民法は、その内容と歴史に照らすと、人の財産、取引、身分の基本を定める法律であり、国家・社会の近代化の法的な基盤を築いてきたものである。日本における民法の制定は、明治維新の当初から検討され、立法化の様々な努力が積み重ねられてきたが、世界的な視点でみると、フランスにおける民法典の制定（1804年。ナポレオンが主導して制定したものであり、ナポレオン法典とも呼ばれている）がこの近代化の動きを牽引してきたものである。

明治６年（1873年）には、民法典等の編纂事業を行うため、フランスからボアソナード氏を招聘（へい）し、同氏を中心に民法の草案の作成等が行われ、明治19年（1886年）には、草案の一部が作成され、内閣に提出される等し、その後も作業が続けられた。政府部内における検討、審議、元老院の議定、枢密院の諮詢を経て、明治23年（1890年）、法律として公布され、明治26年（1893年）１月１日に施行されることになった（これは、旧民法と呼ばれている）。

ところが、この民法が外来思想の直訳である等との批判が強まり、実施派と延期派が激しく対立することとなり（これは、民法典論争と呼ばれており、法曹界だけでなく、政治的な対立もあった）、延期派が勝利し（この民法典論争において、穂積教授が論文「民法出デテ忠孝亡ブ」を発表し、延期派の立場を明らかにするものとして、「民法出でて忠孝亡ぶ」との標語が使用され、有名になった）、明治25年（1892年）、民法の施行延期等を内容とする法律が制定され、民法の施行が延期された（結局、この民法は、施行されなかったが、前記のボアソナード氏は、失意のうちにフランスに帰国したと伝えられている）。

明治26年から新たに民法典の編纂作業が始められ、明治29年（1896年）、民法中、総則、物権、債権に関する３編の法案が議会に提出され、制定、公布され（明治29年法律第89号）、明治30年（1897年）、親族、相続に関する２編の法案が議会に提出されたものの、審議未了となり、明治31年（1898年）、再度法案が議会に提出され、制定、公布された（明治31年法律第９号）。このようにして制定、公布された民法全編は、明治31年７月16日、施行されたものである。

このように制定、施行された民法は、その後、必要に応じて若干の改正が行われたほか、特別法を制定して（例えば、借地法、借家法等の名称の法律が制定されることがあったが、その内容は民法の規定する範囲のものであり、形式的には特別法であっても、その実質的には民法の改正というべきものであった）、それぞれの時代の要請に応えてきた。

大規模な民法の改正としては、第二次世界大戦における敗戦、日本国憲法の制定等に伴って、民法の中の親族法、相続法の全面的な改正がある。親族法、身分法の全面的な改正は、日本国憲法が施行された昭和22年５月３日までに間に合わず、日本国憲法の施行に伴う民法の応急的措置に関する法律が制定されたが、民法の改正法は、同年12月22日、制定、公布された後（昭和22年法律第222号）、昭和23年１月１日に施行された。なお、この民法改正は、親族法、相続法の全面的な改正のほか、これに関連する民法の他の規定も改正された。

その後も、時々の必要に応じて若干の民法の改正が行われ、民法の特別法が制定されてきた。

また、平成16年には、長年民法学者を中心に民法の現代語化の検討作業が行われてきたが、この成果を踏まえ、民法の現代語化を内容とする民法の改正法が制定、公布され（平成16年法律第147号）、平成17年４月１日、施行された。

３　民法改正法案の検討・審議状況

民法の総則、物権、債権に関する部分の改正問題は、筆者が法務省民事局参事官に着任した平成４年４月当時においても、民法の制定100周年が間近になっており、現代語化の検討作業が進行中であったこと（民法のカタカナ書を現代語化するのであれば、条文の改正も併せて検討し、実施したほうがよい等の意見は当然に予想されるところであった）等から、民法の財産法の分野に関する話題の一つであった。

しかし、その後、前記のとおり、平成16年に民法の現代語化を内容とする改正を優先して行い、これが実現したことから、平成18年10月、民法の学者を中心にして、民法（債権法）改正検討委員会が設立され、改正に向けての検討が開始された。

民法（債権法）改正検討委員会は、平成21年３月、「債権法改正の基本方針」を取りまとめて公表した。

民法は法務省が所管する法律であるが、法制審議会は、平成21年11月、民法（債権関係）部会において審議を開始することとし、同部会における審議は、３つのスケジュールを区分し（第１ステージから第３ステージ）、それぞれの目標を定めて審議が行われた。第１ステージにおいては、平成23年４月、「中間的な論点整理」を取りまとめ、第２ステージにおいては、平成25年２月、中間試案を取りまとめ、第３ステージにおいては、平成26年８月26日、「民法（債権関係）の改正に関する要綱仮案」（要綱仮案）を取りまとめて、それぞれ公表された。民法（債権関係）部会は、平成26年12月、「民法（債権関係）の改正に関する要綱案の原案（その１）」を取りまとめ、平成27年２月10日、要綱案を決定し、法制審議会総会は、同年２月、要綱を決定し、同年年３月31日、民法の一部を改正する法律案が、通常国会に提出された。

民法の改正法案は、平成27年、平成28年においては、国会の審議がはかばかしく進行せず、一時期は関係者の間に相当の落胆等の声が漏れ聞こえていたが、平成29年４月14日、衆議院で修正の上、議決され、同年５月26日、参議院で議決され、成立した後、同年６月２日、公布された（平成29年法律第44号）。

改正民法は、一部の規定を除き、公布の日から起算して３年を超えない範囲内において政令で定める日から施行されることになっている。

第2章 改正民法の基本的な特徴

1 改正民法の基本的な特徴①

ところで、今回の改正民法の内容・解釈、契約実務を含む法律実務への影響は、今後、個人、事業者、業界、法律実務家等において関心のある範囲、影響のある範囲で検討し、分析することが必要であるが、改正事項が多数に上るほどにはさほどの影響はないということができる。

改正民法は、債権法に関わる多数の事項について現行民法の内容を改正しているが、その内容は、①現行民法の解釈上当然と理解されている部分、異論のない部分、②最高裁等の判例が確定した部分、確定した判例から論理上当然に理解される部分が多い。もっとも、一部には、③現行民法を実質的に変更する部分もある。

これらの①、②、③の改正民法による改正内容のうち、大半は、契約自由の原則によって、特約の内容を工夫することによって柔軟に対応することが可能である。現在使用中の契約書についても、改正民法によって改正された規定が関係しているとしても、契約自由の原則によって有効とされる範囲は相当に広いから、契約書の一応の見直しが必要であるとしても、直ちに契約書の改訂が必要であるということにはならない。

他方、民法改正の審議の過程においては、審議の対象とされたものの、取り上げられなかった事項があり、このような事項も留意することが必要であり、今後、民法以外の法律の改正にも注意が必要になる可能性がある。特に消費者契約法に関係する事項には、今後の動向に留意することが重要である。

請負契約に関係する改正民法による改正は、具体的には、現行民法632条から642条の請負契約に関係する諸規定の改正内容を検討し、具体的に改正の内容を理解することが重要である。改正民法は、現行民法の規定と比較対照すると、請負人の担保責任は、売買の担保責任と同様に、契約責任説によることにされ、債務不履行一般の規定、売買の担保責任の準用に委ねること（債務不履行への一元化）、瑕疵の用語が廃止され、契約適合性（契約不適合）の用語が採用されること（瑕疵の廃止）、権利行使の期間制限に関する固有の規定が改正されること等が目立った改正の内容である。

改正民法は、現行民法の下における仕事完成の前後によって債務不履行責任、担保責任の区分（完成前は債務不履行責任、完成後は担保責任）をする考え方を廃止している。

債権法の一般原則に関係する改正民法の内容は、改正の事項は多数に及ぶが、現在の民法の規定の解釈、運用を前提とすると、実質的に実務に影響を与える事項は多くはない。もっとも、消滅時効等の権利行使の期間制限に関する規定（民法総則）は、比較的大きな改正であり、請負契約に限らず、権利行使一般に適用されるものであり、債権管理の実務に影響を与える。

改正民法には、定型約款に関する規定も盛り込まれているが、基本的には、事業者間に利用されている約款には適用がないと理解されている。

2 改正民法の基本的な特徴②

ところで、今回の民法の改正は、社会的にはどのように受け取られているのかは、興味深い事柄である。本書の読者の多くは、建設工事の注文者、請負人等の建設関係者であると想像されるが、請負に関する民法の規定の内容・解釈、債権管理の分野における変更・変化に主な関心があろう。社会一般の人々にとってはどうであろうか。例えば、民法の改正審議の過程において、前記の法制審議会が改正法案の要綱を決定した際、新聞らの多くのマスコミによって報道された改正の主要な事項は、消滅時効、法定利率、保証人、敷金、約款の５つの事項であった。また、民法の改正法が制定された際には、改正民法の主なポイントとして、社会・経済の変化に合わせた見直しと判例で定着したルールを法律に明記したものがあるとし、前者については、約款の規定の新設、法定利率の５％から３％への引き下げ・変動制の導入、連帯保証人制度における原則公証人による事前の意思確認の義務付け、債権の消滅時効の原則５年に統一を取り上げ、後者については、判断能力を持たずに行った契約の無効、賃貸住宅の敷金返還や原状回復のルールの明記を取り上げている。

これらの改正事項のうち、消滅時効（時効期間が細分化されていたのが、主観的な起算点から５年間、客観的な起算点から10年間に統一された）は比較的大きな改正点であり、保証人（第三者が保証人になる場合には公証人による意思確認が義務付けられた）も軽視できない改正点であるが、法定利率（年５％から原則として年３％に引き下げた）は約定金利で対応できるものであり、敷金はその内容の大半が従来の最高裁の判例で認められてきたものであり、約款は通常の事業者らでは既に対応ずみのものであるということができる。

今回民法の改正においては、個々の条文の規定の文言・内容、関係する条文の関係、使用されている用語等については法律の実務上十分に注意をすることが重要であるが、実質的な観点からみると、さほどの変更はないということができる。

第3章 請負契約に関する改正民法の内容と今後の契約実務

1 概要

典型契約である請負契約に関する規定である民法632条から642条の合計11か条の条文を改正の前後で比較対照してみると、改正の条文数、改正部分の規定の内容が相当数にわたるため、一見すると、大きな改正がされたかのような印象を与える。

しかし、実際には、見た目ほど大きな改正であるとはいえないし、請負契約の実務にさほど大きな影響があるとはいえない。詳細は条文ごとに見ることにしたいが、改正前の請負契約の交渉、締結、実行、訴訟等の紛争の場面ごとに改正民法の内容、規定の文言、実質的な影響の有無・程度を検討することが重要である。改正民法の改正前後における実質的な影響については、請負契約の実行、訴訟等の紛争の場面ではさほど大きな影響があるとはいえないものの、改正の内容、改正された文言、法的な責任の性質・位置づけによって、請負契約の交渉、締結、契約書の規定・文言の選択の各場面においてはある程度の影響がある。

また、請負契約の交渉、締結は、契約自由の原則に従って行われるものであり、その効力も原則として契約自由の原則に基づいて判断されるものであるから（請負契約に関する改正民法の多くの規定は、任意規定であり、これに反するとしても、原則として有効であると解される）、改正民法の内容が改正によって表面的には影響を受けるものであるとしても、仮に改正民法の内容に従って従前利用していた契約書の内容を改めなかった場合、従前の契約書であるからといってその内容、規定が無効と解されるわけではない。もっとも、請負契約に関する改正民法の規定は、契約書に規定がない場合、契約書の規定が不明確である場合等には、契約書を補充するものとして適用されることがあるし、改正民法の規定の中には、その趣旨、規定に反するものとして限定的に無効であると解される可能性のあるものもある。

さらに、民法の規定の中には、法律行為の無効、取消しに関する規定があり、請負契約にはこれらの規定が適用されるし、建設業法における建設業者が締結する契約に関する規制が設けられており、これらの規制違反についても直接的又は間接的に請負契約の交渉、締結、契約書の内容に影響を与えることがある。

請負契約の中には、当事者の一方が消費者であり、他方が事業者である請負契約があるが、この場合には、消費者契約法が適用され、同法による契約の無効、取消しに関する規定の適用を受けることになる。

なお、請負契約、請負業者に関する判例、裁判例（本書においては、法律実務において、最高裁の判決を「判例」、高裁、地裁等の下級裁判所の判決を「裁判例」と呼ぶのが通常であることから、この意味で、判例、裁判例の言葉を使用することにしている）は、従来、多数法律雑誌等に公表されているが、従来の判例、裁判例が改正後の民法に妥当するか、妥当するとしてどのように適用されるかも、説明することにしている。判例、裁判例は、個々の事案の解決のために裁判所が示した判断であり、民法等の法律とは同じではないものの、法律の規定、契約の条項の意味を解釈したり、適用の事例を提供したり、法的な効力・効果を明らかにしたりしたものであるから、他の事件にも参考になるものである（日本は、英米等のような判例法の国ではないから、判例、裁判例の先例としての拘束力はないと考えられるが、最高裁の判断である判例、特に法理論を明らかにした判例は、その性質上、他の事件にも事実上重要な影響力があることは否定できない）。

以下、改正民法の具体的な条文に従って、その条文の内容を紹介することとする。

2 改正民法・現行民法632条（請負）

(1) 改正民法においては、現行民法632条の改正はない。現行民法632条の規定は、改正民法においてもそのまま維持されている。

(2) 現行民法632条は、請負契約に関する基本的な規定であり、その契約の要素を定めたものであり、その内容は次のとおりである。

【現行民法】

（請負）

第632条 請負は、当事者の一方がある仕事を完成することを約し、相手方がその仕事の結果に対してその報酬を支払うことによって、その効力を生ずる。

(3) 請負契約の基本的な特徴は、請負人が仕事の完成を約束することと、注文者がその仕事の結果に対して報酬を支払うことを約束することである。

完成すべき仕事には、有形のもの（例えば、建物の建設請負契約）と無形のもの（例えば、各種の運送契約、コンピュータシステムの開発契約）があるが、改正民法も、この区分を採用し、維持している。

(4) 請負契約をめぐる紛争においては、仕事が完成したかどうかが争われる事例が少なくないが、例えば、建物の建設請負契約については予定された工程を終了したことが完成の基準であるとするのが従来の裁判例の傾向であると解される。

(5) 請負契約は、有償・双務契約であるから、民法の双務契約に関する規定が適用され（例えば、改正民法533条等）、売買の規定が準用される（現行民法559条）。

(6) 民法における請負契約に関する規定は、現行民法では11か条、改正民法では７か条である上、その内容の多くは請負人の担保責任に関するものである。民法の典型契約に関する規定は、契約の実務上、契約の種類、基本的な内容を明確にしたり、契約内容を補充したりする等の機能があるが、請負契約に関する民法の条文数、内容に照らすと、契約内容を補充する機能がいささか不足していることは否定できない。請負契約の実務においては、個々の請負ごとに当事者間で交渉、締結される請負契約書等の契約内容が重要な意義をもつことになる。

⑺　請負契約は、建設業にとって重要な契約であり、建設業者が建設業を営む上で必要かつ不可欠な契約である。

建設業を営む者の資質の向上、建設工事の請負契約の適正化を図ることによって、建設工事の適正な施工を確保し、発注者を保護するとともに、建設業の健全な発達を促進し、もって公共の福祉の増進に寄与することを目的として、建設業法（昭和24年法律第100号）が制定、施行されている。

建設業法は、土木建築に関する29の類型の工事を建設工事と定めた上（同法２条１項、別表第一）、元請、下請その他いかなる名義をもってするかを問わず、建設工事の完成を請け負う営業をいうものと定義している（同法２条２項）。

また、建設業者は、建設業法上、建設業の許可（同法３条１項。なお、建設業の許可に関する規定は、同法３条から15条までを参照）を受けて建設業を営む者である（同法２条３項）。

建設業法は、総則、建設業の許可に関する規定のほか、建設工事の請負契約（同法18条から24条の７）、建設工事の請負契約に関する紛争の処理（同法25条から25条の16）、施工技術の確保（同法25条の27から27条の22）、建設業者の経営に関する事項の審査等（同法27条の23から27条の36）、建設業者団体（同法27条の37から27条の39）、監督（同法28条から32条）、中央建設業審議会等（同法33条から39条の３）、雑則（同法39条の４から44条の５）、罰則（同法45条から55条）に関する規定が設けられている。

これらの建設業法の諸規定のうち、建設工事の請負契約（同法18条から24条の７）に関する諸規定は、建設業者が締結する請負契約の締結、内容、履行等について規制を設けている。建設業法上の建設工事の請負契約に関する諸規定は、建設業者に対する同法上の規制、義務を定めるものであり、これらの諸規定の違反は、同法上の監督（同法28条から32条）の対象になることはいうまでもない。これらの諸規定の遵守は、建設業者にとってコンプライアンスに関わる課題であり、重要な要請である。建設業者がこれらの諸規定に違反して請負契約を締結し、履行したような場合、契約の無効、取消し等の契約上の問題、不法行為上の問題にどのように影響するかは、具体的な事案ごとに検討することが必要であるが、建設業法違反が直ちに契約の無効原因、取消原因に該当するとはいえないし、直ちに不法行為に該当するものともいえない。もっとも、建設業者の建設業法違反は、公序良俗違反等の契約の無効原因、取消原因を積極的に認定することができる重要な事情の一つとして考慮されることがあるし、不法行為上の違法性を積極的に認定することができる重要な事情として考慮されることがある。

建設業法上の建設工事の請負契約に関する諸規定を概観すると、建設工事の請負契約の原則（18条）、建設工事の請負契約の内容（19条）、現場代理人の選任等に関する通知（19条の２）、不当に低い請負代金の禁止（19条の３）、不当な使用資材等の購入強制の禁止（19条の４）、発注者に対する勧告（19条の５）、建設工事の見積り等（20条）、契約の保証（21条）、一括下請の禁止（22条）、下請負人の変更要求（23条）、工事監理に関する報告（23条の２）、請負契約とみなす場合（24条）が総則的な規定として設けられているが、いずれも重要な内容を定めている。また、これらの諸規定に続いて、建設業法は、元請負人の義務に関する諸規定を定めており、下請負人の意見の聴取（24条の２）、下請代金の支払（24条の３）、検査及び引渡し（24条の４）、特定建設業者の下請代金の支払期日等（24条の５）、下請負人に対する特定建設業者の指導等（24条の６）、施工体制台帳及び施工体系図の作成等（24条の７）の重要な内容が定められている。

(8) 民法においては、建物建設請負契約に基づき建物が完成した場合、建物の所有権の帰属、帰属の基準、帰属時期等に関する規定はなく、従来から多数の判例、裁判例が公表されているが、民法の改正後にも、これらの判例、裁判例が妥当する。

(9) 建物建設請負契約等の建設請負契約においては、契約書中に紛争解決に関する特約が締結されることが少なくなく、そのような特約の中には仲裁に関するものもある。従来、このような仲裁特約の効力が争われた裁判例も見かけるところである。

◇この分野の参考になる判例としては、次のようなものがある。

【参考判例】

①最三判昭和40年５月25日裁判集民事79号175頁（請負契約に基づき建築された建物所有権が建物の引渡しの時に注文者に移転するとした事例）

この判例は、改正民法においても妥当するものである。

②最二判昭和44年９月12日判時572号25頁（請負契約に基づき建築された建物所有権が原始的に注文者に帰属するとした事例）

この判例は、改正民法においても妥当するものである。

③最二判昭和46年３月５日判時628号48頁（請負人が材料全部を提供して建築した建物が完成と同時に注文者の所有に帰したものと認めた事例）

この判例は、改正民法においても妥当するものである。

④最三判平成５年10月19日民集47巻８号5061頁、判時1480号72頁、判タ835号140頁（建物建築工事の注文者と元請負人との間に、請負契約が中途で解除された際の出来形部分の所有権は注文者に帰属する旨の約定がある場合には、元請負人から一括して当該工事を請け負った下請負人が自ら材料を提供して出来形部分を築造したとしても、注文者と下請負人との間に格別の合意があるなど特段の事情のない限り、同契約が中途で解除された際の出来形部分の所有権は注文者に帰属するとした事例）

この判例は、改正民法においても妥当するものである。

⑤最一判平成18年６月12日判時1941号94頁、判タ1218号215頁（顧客に対し、融資を受けて顧客所有地に容積率の上限に近い建物を建築した後にその敷地の一部を売却して返済資金を調達する計画を提案した建築会社の担当者に、建築基準法にかかわる問題についての説明義務違反があるとした事例）

「⑴　前記事実関係によれば、上告人は、本件各担当者の説明により、本件貸付けの返済計画が実現可能であると考え、被上告人Y_2との間で本件建物の設計契約及び建築請負契約を締結し、被上告銀行から本件貸付けを受け、本件建物が建築されたところ、本件北側土地の売却により、本件建物は、その余の敷地部分のみでは容積率の制限を超える違法な建築物となるのであるから、上告人としては、十分な広さの隣接土地を本件建物の敷地として確保しない限り、本件北側土地を売却してはならないこととなり、また、本件北側土地を売却する場合には、買主がこれを敷地として建物を建築する際、敷地の二重使用となって建築確認を直ちには受けられない可能性があったのであるから、信義則上敷地の二重使用の問題を買主に明らかにして売却する義務がある以上、本件建物がない場合に比べて売却価格が大きく低下せざるを得ないことは明らかである。したがって、本件建物を建築した後に本件北側土地を予定どおり売却することは、もともと困難であったというべきである。本件計画には、上記のような問題があり、このことは、上告人が被上告人Y_2との間で上記各契約を締結し、被上告銀行との間で本件貸付けに係る消費貸借契約を締結するに当たり、極めて重要な考慮要素となるものである。

したがって、Y_2担当者には、本件計画を提案するに際し、上告人に対して本件敷地問題とこれによる本件北側土地の価格低下を説明すべき信義則上の義務があったというべきである。しかるに、Y_2担当者は、本件敷地問題を認識していたにもかかわらず、売却後の本件北側土地に建物が建築される際、建築主事が敷地の二重使用に気付かなければ建物の建築に支障はないなどとして、本件敷地問題について建築基準法の趣旨に反する判断をし、上告人に対し、本件敷地問題について何ら説明することなく、本件計画を上告人に提案したというのであるから、Y_2担当者の行為は、上記説明義務に違反することが明らかであり、被上告人Y_2は、上告人に対し、上記説明義務違反によって上告人に生じた損害について賠償すべき責任を負うというべきである。これと異なる原審の上記判断には、判決に影響を及ぼすことが明らかな法令の違反がある。」

この判例は、改正民法においても妥当するものである。

◆また、この分野の参考になる裁判例としては、次のようなものがある。

【参考裁判例】

請負契約の成否が問題になった裁判例としては、次のようなものがある。

［1］福岡高判平成２年３月28日判時1363号143頁

医師Y_1と息子Y_2は、病院経営を計画し、Aに土地の購入、融資等の協力を求め、Aは、建築設計をX有限会社の代表者Bに依頼し、Bは、Y_1と面談し、100床程度の病院であり、よろしく頼む旨を告げられ、設計業務を開始し、設計図書、構造計算書、建築確認書を作成したが、土地が農業振興地域にあり、関係漁協等の承諾が必要であったことから、Y_1らは土地につき承諾等を条件とする売買仮契約を締結したものの、地元医師会の反対、関係漁協の不承諾等から計画を断念し、設計料の支払を拒否したため、ＸがY_1らに対して主位的に設計監理契約に基づき、予備的に商法512条に基づき建築設計料の支払を請求した。

本件では、設計監理契約の成否、商法512条の適用の当否、報酬額が争点になった。

第一審判決は、Y_1に対する請求を一部認容し、Y_2に対する請求を棄却したため、Ｘが控訴した。

本判決は、農業振興地域からの除外、農地転用の条件が成就してから設計監理契約を締結する意思であり、その段階に至っていなかったとし、設計監理契約の成立を否定し、商法512条の行為には契約関係だけでなく、事務管理としての行為も含まれ、ＸがY_1らの意思に則りその利益のために設計行為をしたとし、全設計の70％の報酬を認め、Y_1に関する部分を変更し、請求を認容し、Y_2に対する控訴を棄却した。

［2］東京地判平成３年５月30日判時1408号94頁

建築設計監理業を営むＸ株式会社は、昭和63年８月、歯科医師のＹとの間で、３階建ての歯科診療所兼自宅の建築につき、建築設計業務の委託契約を締結し（報酬についての明確な取り決めがなかった）、建築予定の建物の概略図面を作成し、打ち合わせをし、建築確認に必要な構造図、意匠図、構造計算書を作成する等したところ、Ｙから建築確認申請手続を待ってくれと言われ、建築計画が中止されたため、ＸがＹに対して商法512条に基づき相当な報酬（230万円）の支払を請求した。

本件では、設計委託契約の成否、報酬の請求の当否、相当の報酬額の算定が争点になった。

本判決は、設計委託契約の成立を認めた上、Ｙの都合により中途解約されたものであるとし、設計業務の出来高が３割であるとし、相当な報酬額を160万円と算定し、請求を認容した。

［3］東京地判平成６年４月26日判時1522号91頁

Y_1株式会社は、自動車の製造業者の下請業者であり、自動車の部品の製造販売を業としていたが、自動車の増産計画に応じて平成２年５月末までに溶接工場の新規増設をすることを計画し、平成元年12月、建設業者であるY_2株式会社の代表者ＡとＡの所有に係る土地を工場の用地候補として交渉をし、ＡがY_2において工場を建築し、建物と敷地を一体としてY_1に売却することを提案し、Y_1がこれを承諾したところ、一般工法によっては予定の期限までに完成することができないことが判明し、Y_1は、工場用システム建築製品による建築業者であるX株式会社に問い合わせを行い、Xが事務所用建物資材であるシステム製品によって工場の建築に対応することができると勧めたことから、X、Y_1、Y_2が協議を行い、Y_1がY_2に同資材を用いた工場建築を発注し、XがY_2の下請けとして工事を施工し、完成した工場と敷地をA、Y_2がY_1に売却する旨の基本的な合意が成立したところ、Aが得ていた建築確認の変更申請をする等の問題で支障が生じ、Y_2が協力を拒み、工場建築を断念するに至り、結局、Y_1とY_2は、Xを除外し、土地の売買契約、建物建築請負契約を締結したため、XがY_1、Y_2に対して工場建物建築請負契約の予約契約の成立を主張し、予約契約の債務不履行に基づき損害賠償を請求した。

本件では、工場建物建築請負契約の予約契約の成否、債務不履行の成否、損害が争点になった。

本判決は、当事者間に最終的な建築請負契約の締結の実現のために尽力すべき協力関係ないし協力義務が生じていたことは認められるものの、予約契約までは認めることができないし、Xの推奨による資材による工場建築には建築確認申請手続上の問題を包含しており、Y_1らが契約の締結を拒否したことには正当な事由があったとし、請求を棄却した。

[4] 京都地判平成6年10月31日判タ879号241頁

仙台市に本店を有するバス事業を営むY株式会社は、ホテルの建築を企画し、設計コンペへの参加を勧誘し、京都市に本店を置くX株式会社等が参加したが、A株式会社の設計案が優等とされ、Xの提案は採用されなかったことから、XがYに対して主位的に設計委任契約、予備的に商法512条に基づき報酬の支払を請求した。

本件では、設計委任契約の成否、商法512条の適用の当否、報酬額が争点になった。

本判決は、XとYとの間の建築設計契約の成立を否定したが、優等懸賞広告であることを否定し、設計案の作成はYのためになされた行為である等とし、Aに支払った金額と同額の報酬を認め、予備的請求を認容した。

[5] 札幌地決平成10年3月20日判タ1049号258頁

建設業を営むX株式会社は、平成5年5月、ホテル事業を営むY株式会社との間で、ホテルの増改築につき工事価格27億9000万円で請負契約を締結し、同時に覚書を取り交わし、工事を施工したが、工事の途中、設計仕様の変更があり、変更後の工事を完成したが、Ｙが増額分の工事代金の支払を拒否したため、ＸがＹの所有に係る不動産につき工事代金債権を被保全権利として仮差押えを申し立てたところ、原決定がこれを認容したため、Ｙが保全異議を申し立てた。

本件では、変更工事契約の効力、成立範囲、増加工事の代金額等が争点になった。

本決定は、工事の監理者が注文者の代理人として代理権を授与されていた旨の請負者の主張を排斥したものの、約款24条、25条の内容を合理的に解釈すると、請負者は発注者との協議が成立しなくても、時価による請負代金の増額を請求することができるとし、6500万円余の範囲で増額を請求することができるとし、原決定の一部を取り消し、その余の部分を認可した。

［６］大阪地判平成16年９月29日判タ1191号277頁

Ｙ株式会社は、大手鋼板メーカーであるＡ株式会社から、鋼板の加工設備の建設工事を受注していたところ、Ｘ株式会社は、Ｙから下請けとして、建設工事のうち既存建物の解体工事、工場建物の建築工事、機械の基礎工事、外構工事を受注し、追加工事を含めて施工し（追加工事の請負契約の成否は争点になっている）、完成後、引き渡したが、Ｙが瑕疵等を理由に残代金の支払を拒否したことから、ＸがＹに対して請負残代金の支払、Ｙの基本図面の提出遅滞に係る債務不履行に基づく損害賠償を請求した。

本件では、追加工事請負契約の成否、瑕疵の有無・程度、債務不履行の成否、相殺の当否が争点になった。

本判決は、追加工事請負契約の成立を否定し、Ｙが基本図面の期間内に提出することを怠り、Ｘが工期に間に合わせるために通常予想される範囲を超えた工事（突貫工事）を行うことを余儀なくされたとし、Ｙの債務不履行を認め、Ｘの行った基礎工事には高さ不良等の瑕疵があったとし、Ｙによる瑕疵修補に代わる損害賠償債権との相殺を認め、請求を一部認容した。

【参考裁判例】

当事者の確定が問題になった裁判例としては、次のようなものがある。

［７］東京高判平成７年４月17日判タ896号178頁

ともに建築業を営むＸとＹ株式会社とは、昭和62年10月、Ａ学校法人のセミナースクールの第一期工事（西館改修工事、食堂棟新築工事）の請負契約を締結し、Ｙが追加工事を含め工事を施工した後、昭和63年10月、セミナースクール第二期工事（本館新築工事、東館改修工事）につき口頭の話し合いを行い、Ｙが旧本館の解体工事、外構工事に着手したが、その後の工事をしなかったことから、Ｘが他の業者に工事を依頼し、セミナースクールの利用者である高校生の宿泊等につきＢ株式会社に代金を支払う等したことから（Ｂは、本件工事の元請人であり、Ｘは、Ｂの建築事業部長であった）、ＸがＹに対して支払超過分の返還、債務不履行に基づき損害賠償を請求した。

本件では、請負契約の当事者（Ｘか、Ｂか）、工事の出来高、債務不履行の成否、損害が争点になった。

第一審判決は、請求を認容したため、Ｙが控訴した。

本判決は、本件各請負契約の当事者は、Ｂではなく、Ｘであるとした上、工事の出来高を算定し、第二期の工事の完成が遅れ、債務不履行を認め（入浴代金の損害を認めたが、宿泊代金の損害は、相当因果関係が否定された）、原判決を変更し、請求を一部認容した。

［8］東京地判平成12年２月23日判タ1044号128頁

ファーストフード店舗を経営するＡ株式会社は、店舗内の水道・空調・ダクト工事をＢ株式会社に発注し、Ｂは、Y_1有限会社（代表者はY_2）に工事を下請けさせ、Y_1は、工事をＸ株式会社に孫請けさせ（その間に、Ｃが介在した）、Ｘが工事を完成させ、引き渡したが（この間、契約書は作成されなかった）、残代金が支払われなかったことから、Ｘ、Ｂ、Y_2の立会の下、Ｃとの間で分割払いの合意書を作成し、Y_3との間で債務保証に関する誓約書を作成したものの、支払が滞ったため、Ｘが主位的に、Y_1に対して請負契約に基づき、Y_2に対して不法行為に基づき、Y_3に対して保証契約に基づき残代金相殺額の支払を請求し、予備的に、Y_1、Y_2に対して不法行為に基づき損害賠償、Y_3に対して保証契約に基づき残代金相当額の支払を請求した（Ｃに対する訴訟も提起されたが、Ｃが請求を認諾した）。

本件では、請負契約の当事者が主な争点になった。

本判決は、本件契約の当事者はＸとＣであると認め、Y_1、Y_2に対する請求を棄却し、Y_3に対する請求を認容した。

［9］東京地判平成14年２月13日判時1793号97頁

韓国法人であるY_2株式会社、Y_3株式会社、日本法人であるＡ株式会社は、Y_1建設共同企業体を構成し、物流センターの建築工事を受注し、Y_1が工事を施工したが、X_1株式会社、X_2株式会社は、本件工事を下請けし、工事を施工したところ、Ａにつき民事再生手続開始決定がされ、従前Ａが下請代金の支払をしていたものの、支払がされなくなったため、X_1、X_2がY_1、Y_2、Y_3に対して請負代金の支払を請求した。

本件では、下請工事の発注者がAか、Y_1かが争点になった。

本判決は、Y_2、Y_3が韓国の建設業者であり、日本における建設工事を行う物的設備、人的能力がなく、日本の下請業者とも接触がなく、Aに下請けに関する業務をほぼ全面的に委ねていたこと等の事情から、本件下請工事の注文者はY_1であると認め、建設共同企業体は民法上の組合であり、その債務は共同企業体の財産のほか、組合員の固有の財産をもって弁済をすべき責任を負い、連帯債務を負うとし、請求を認容した。

【参考裁判例】

請負契約の締結が公序良俗違反により無効であるかが問題になった裁判例としては、次のようなものがある。

［10］東京高判平成22年８月30日判時2093号82頁

Aは、平成15年２月、Y株式会社との間で、２棟のマンションの建築請負契約を締結したが、この際、違法建築物を建築することを合意し、建築確認申請用の図面（確認図面）のほか、違法建物の建築工事用の施工用の図面（実施図面）を用意し、法令の手続をとった後、実施図面に従って違法建物の建築工事を計画したところ、Yは、平成15年５月、建築業者であるX株式会社との間で、Xが前記の事情の説明を受け、了解した上で本件各建物につき建築請負契約を締結し、Xが工事に着手した後、地下部分が確認図面と異なることが区役所に発覚し、区役所の指示により是正計画書が作成され、Xは、これに従って違法建築部分を是正する工事の施工を余儀なくされる等したことから、追加変更工事を施工し、検査済証の交付を受け、Yに本件各建物を引き渡したため、XがYに対して工事残代金の支払を請求し、Yが反訴として損害賠償を請求した。

本件では、請負契約の公序良俗違反による無効の成否、追加変更工事代金の請求の当否等が争点になった。

第一審判決は、本工事、追加変更工事の請負残代金を算定し、本訴請求を一部認容し、反訴請求を一部認容したため、X、Yが控訴した。

本判決は、建築請負契約が建築基準法等の法令の規定に適合しない建物の建築を目的とするものであり、公序良俗に反するとし、原判決を取り消し、本訴請求、反訴請求を棄却した。

[11] 最二判平成23年12月16日判時2139号３頁

前記の［10］東京高判平成22年８月30日判時2093号82頁の上告審判決であり、Ｘが上告受理を申し立てた（上告審の係属中、Ｘにつき破産手続開始決定がされ、破産管財人Ｚが訴訟を承継した）。

本件では、請負契約の公序良俗違反による無効の成否、追加変更工事代金の請求の当否等が争点になった。

本判決は、建築基準法等の法令の規定に適合しない建物の建築を目的とする請負契約が公序良俗に反して無効であり、同契約に基づく本工事の施工が開始された後に施工された追加変更工事の施工の合意は公序良俗に反しないとし、原判決中、Ｚの敗訴部分を破棄し、本件を東京高裁に差し戻した。

【参考裁判例】

請負契約の締結が錯誤により無効であるかが問題になった裁判例としては、次のようなものがある。

[12] 東京地判平成17年８月23日判時1921号92頁

Ｘは、一戸建ての建物を所有していたところ、平成13年３月、電気製品の卸・小売業者のＹ株式会社の勧誘により、代金55万円で床下換気システム一式を床下に取り付ける工事の請負契約を締結し、Ｙが排気型換気扇を設置する等して工事を施工したことから、Ｘが代金55万円を支払ったため、ＸがＹに対して排気型換気扇の設置によって湿気を取り除くことができない等とし、本件契約が錯誤により無効であると主張し、既払いの代金の返還を請求した。

本件では、請負契約の錯誤無効の成否が争点になった。

本判決は、Ｙの行った床下換気工事は、床下の湿気を取り除く効果を一応期待できる機能を有しているとしたものの、実際にはその効果がなかったものであり、動機の錯誤がある等とし、本件契約が無効であるとし、請求を認容した。

[13] 東京地判平成18年６月27日判タ1285号171頁

建設業を営むＸ株式会社は、一般建設業の更新許可申請を怠り、許可を取り消されていたところ、平成15年５月23日、Ｙを勧誘し、Ｙとの間で、請負代金１億1428万6000円で４階建て鉄骨アパート兼住宅の建築請負契約を締結し、既存建物のエアコン等の取り壊し工事を行ったが、ＹがＸにつき商業登記の本店がなく、一般建設業の許可が失効していること等を知ったことから（Ｘは、下請代金が4500万円以上になるときは、特定建設業の許可を取る必要があったものの、その許可を得ていなかった）、本件契約を解除したため、ＸがＹに対して解除がＹの事由によると主張し、民法641条等に基づき損害賠償を請求した。

本件では、Ｙの債務不履行の有無、錯誤無効の当否、民法641条による解除の当否が争点になった。

本判決は、Ｙの債務不履行、錯誤無効の主張を排斥し、本件解除はＹの事由によるものであるとし、民法641条によりＹの損害賠償責任を認め、請求を認容した。

［14］東京地判平成24年12月21日金融・商事判例1421号48頁

Ｘは、平成22年３月、$Ｙ_1$株式会社（$Ｙ_2$は、代表取締役、$Ｙ_3$は、取締役、$Ｙ_4$は、常務執行役）との間で、請負代金19億7400万円で建物の建築請負契約を締結したところ、Ｘが暴力団と密接な関係者であることが判明し、本件工事の施工を拒否したため、Ｘが$Ｙ_1$に対して本件契約に基づき約定損害金の支払、$Ｙ_2$らに対して会社法429条１項又は民法709条に基づき損害賠償を請求した。

本件では、請負契約の錯誤無効の当否、損害賠償請求の当否が争点になった。

本判決は、黙示で表示された動機の錯誤による無効を認め、錯誤無効を理由に工事の実施を拒否すること等の事情の下では、損害賠償を請求することはできない等とし、請求を棄却した。

【参考裁判例】

近年は、各種の事業の遂行に当たって契約の勧誘、締結の際において事業者の説明義務が問題になることが少なくないが、請負業者の説明義務が問題になった裁判例としては、次のようなものがある。

［15］東京高判平成14年４月24日判時1796号91頁

Ｘは、Ｙ株式会社の紹介により、Ａから土地を購入し、Ｙに建物の建築工事を発注し、建築確認申請手続のために25万円をＹに支払う等し、Ｙが建物を完成したが、本件土地の約３分の２が都市計画区域（道路予定地）に指定された地域に含まれていたことから、事業が実施される際には本件建物の移転・除去する義務を負うものであったため、ＸがＹに対して土地の制限に関する事実の不告知を主張し、債務不履行、不法行為に基づき損害賠償を請求した。

本件では、請負人が建築確認申請において公法上の規制の有無の調査、説明義務の有無、義務違反の有無が争点になった。

第一審判決は、Ｙの責任を否定し、請求を棄却したため、Ｘが控訴した。

本判決は、Ｙは建築確認の取得についてＸに責任を負うことを約し、その対価として25万円を受領したものであり、その事務を設計事務所に任せきりにし、制限の存在を看過したものであるとし、公法上の規制の調査、説明義務違反による債務不履行を肯定し、原判決中Ｙに関する部分を取り消し、請求を認容した。

[16] 最一判平成18年６月12日判時1941号94頁、判タ1218号215頁

Ｘは、京都市内に土地を共有しており、取引のあった銀行業を営むY_1株式会社の担当者から土地の有効利用にノウハウを有する会社としてY_2株式会社を紹介され、平成２年１月頃、自己資金に借入資金を加えて、本件土地上の建物を取り壊し、本件土地の南側にビルを建築し、北側の土地を売却して資金を調達する等を企画し、同年６月、Y_2と建物建築請負契約を締結し、Y_1は資金を融資し、建物が建築されたが、Ｘは、北側の土地が予定どおりに売却することができないため、貸付債務の返済が遅滞し、Y_1の申立てにより本件建物、本件土地につき不動産競売が開始される等したことから、ＸがY_1、Y_2に対して建築基準法に関する問題につき説明義務違反があった等と主張し、債務不履行、不法行為に基づき損害賠償を請求した。

本件では、説明義務違反の有無、各責任の成否等が争点になった。

第一審判決（大阪地判平成15年１月24日金融・商事判例1245号28頁）は、Y_1、Y_2の各説明義務違反を認め、請求を一部認容したため、Ｘ、Y_1らが控訴し、Ｘが請求を追加した。

控訴審判決（大阪高判平成16年３月16日金融・商事判例1245号23頁）は、北側の土地が予定の価格で売れなかったとは認められず、説明義務違反は認められない等とし、Y_1らの控訴に基づき原判決中Y_1らの敗訴部分を取り消し、請求を棄却し、Ｘの控訴、追加請求を棄却したため、Ｘが上告受理を申し立てた。

本判決は、Y_2の説明義務違反は明らかであり、Y_1の説明義務違反が認められる余地があるとし、原判決を破棄し、本件を大阪高裁に差し戻した。

[17] 大阪高判平成19年９月27日金融・商事判例1283号42頁

前記の［16］最一判平成18年６月12日判時1941号94頁の差戻控訴審判決である。

本件では、説明義務違反の有無、各責任の成否等が争点になった。

本判決は、Y_1、Y_2の説明義務違反を認め、Ｘの控訴に基づき、原判決を変更し、請求を認容した。

［18］東京地判平成19年10月10日判タ1279号237頁

X_1、X_2は、平成13年12月、建築業を営むＹ株式会社との間で、請負代金4200万円で地上２階建て、地下１階建て建物の建築請負契約を締結し、Ｙは、平成14年９月頃、建物を完成し、X_1らに引き渡し、X_1らが本件建物に入居したが、シックハウス症候群に罹患する等したため、X_1らがＹに対して、瑕疵担保責任、説明義務違反、安全配慮義務違反等を主張し、瑕疵担保責任、債務不履行責任、不法行為責任に基づき損害賠償を請求した。

本件では、シックハウス症候群に罹患しないようにする契約の成否、瑕疵担保責任の成否、説明義務違反の有無、安全配慮義務違反の有無等が争点になった。

本判決は、シックハウス症候群に罹患しないようにする合意の成立を否定し、安全配慮義務違反を否定し、瑕疵担保責任を否定する等し、請求を棄却した。

【参考裁判例】

請負契約においては、様々な理由から請負人の工事施工を確保するために保証人を立てるとか、事情によっては注文者の報酬支払のために保証人を立てるとかの問題が生じることがあり、請負契約の実務では重要な問題の一つになっている。保証をめぐる裁判例としては、次のようなものがある。

［19］東京地判平成３年６月14日判時1413号78頁

Ｘは、昭和61年10月、Y_1有限会社（代表者はY_2）との間で、自宅である建物の建築につき代金1600万円で請負契約を締結し、Y_1は、建物を建築し、昭和62年３月、建物をＸに引き渡したところ、Ｘは、車庫が自動車の出入庫できない等の瑕疵を指摘し、修補を請求する等したものの、Y_1が応じなかったことから、ＸがY_1に対して瑕疵担保責任、債務不履行責任、不法行為責任に基づき、Y_2に対して保証契約に基づき損害賠償を請求したのに対し、Y_1が反訴としてＸに対して残代金の支払を請求した。

本件では、完成の成否、瑕疵の有無・内容、注文者の指図の有無、損害額、保証契約の成否、徐斥期間の経過等が争点になった。

本判決は、当初予定された最終の工程まで一応終了し、建物が社会通念上建物として完成されたとし、完成を認め、敷地面積や前面道路との関係で車庫を建築することに相当の無理があったのに、Y_1が車庫の建築を保証し、実現できなかった瑕疵があるとし、Xの希望は指図とはいえないとし、建替えを前提とする諸費用の損害を否定し、建物の価値の減少に関する立証をしないとしたものの、慰謝料として90万円の損害を認め、Y_1の瑕疵担保責任又は不法行為責任を認め、Y_2の保証契約を認め、さらに建物の引渡後１年以内に修補請求がされている等とし（有効に行使された瑕疵修補請求権は、その後、消滅時効が完成するまで存続するとした）、Xの本訴請求を認容し、Y_1の反訴請求を認容した。

[20] 大阪地判平成７年８月23日判時1562号94頁

Y_2株式会社は、公共工事に関する前払金の保証等を業とするところ、建設業を営むA株式会社は、銀行業を営むY_1株式会社に普通預金口座（本件口座）を開設し、平成４年12月、B地方建設局の発注に係る工事の請負契約を締結し（C株式会社が工事の完成保証人になった）、Y_2の前払金保証を受け、BからY_1の別口預金口座に振り込んで入金され、本件口座に預託していたが、平成５年２月10日、AがBに出来高皆無の状況で工事続行不能届を提出し、同月18日、破産宣告を受け（Xが破産管財人に選任された）、Cがその後工事を完成し、Y_2に前払金相当の求償金の支払を求め、Y_2は、これを支払ったところ、XがY_1に対して本件預金の支払、Y_2に対して本件預金者がXであることの確認を請求したのに対し、Y_2が反訴として本件預金者がY_2であることの確認を請求した。

本件では、本件預金の預金者、Y_2の破産財団に関する取戻権の有無が争点になった。

本判決は、前払金は別口普通預金として監理され、その特定性を維持するものであり、発注者が工事完成保証人に工事を完成すべきことを請求したことにより、工事完成保証人は請負契約に基づく破産会社の権利・義務を承継取得し、保証会社は、工事を完成した工事完成保証人からの前払金相当の求償金の支払請求に対して弁済したので、本件預金、破産財団に対する取戻権を取得し、債権譲渡の対抗要件を具備することなく債権の移転を対抗することができるとし、Xの本訴請求を棄却し、Y_2の反訴請求を認容した。

[21] 東京地判平成12年２月23日判タ1044号128頁

ファーストフード店舗を経営するA株式会社は、店舗内の水道・空調・ダクト工事をB株式会社に発注し、Bは、Y_1有限会社（代表者はY_2）に工事を下請けさせ、Y_1は、工事をX株式会社に孫請けさせ（その間に、Cが介在した）、Xが工事を完成させ、引き渡したが（この間、契約書は作成されなかった)、残代金が支払われなかったことから、X、B、Y_2の立会の下、Cとの間で分割払いの合意書を作成し、Y_3との間で債務保証に関する誓約書を作成したものの、支払が滞ったため、Xが主位的に、Y_1に対して請負契約に基づき、Y_2に対して不法行為に基づき、Y_3に対して保証契約に基づき残代金相殺額の支払を請求し、予備的に、Y_1、Y_2に対して不法行為に基づき損害賠償、Y_3に対して保証契約に基づき残代金相当額の支払を請求した（Cに対する訴訟も提起されたが、Cが請求を認諾した)。

本件では、請負契約の当事者が主な争点になった。

本判決は、本件契約の当事者はXとCであると認め、Y_1、Y_2に対する請求を棄却し、Y_3に対する請求を認容した。

【参考裁判例】

仲裁特約の効力が問題になった裁判例としては、次のようなものがある。

[22] 東京地判平成21年３月25日判タ1309号220頁

マンションの分譲販売等を業とするX株式会社は、マンションの建築、分譲販売を計画し、平成18年12月頃、Y株式会社との間で、工事代金2856万円で敷地の地盤改良工事の請負契約を締結し、Yが改良工事を施工し、終了した後、Xがマンションの建築工事に着手したところ（その間、分譲販売を開始した)、建物が地盤沈下によって不同沈下していることが判明し、建物の建築工事を続行するより、新たに建て替えたほうが費用の面で得策であると考え、建物を解体し、Yと損害賠償をめぐる交渉を行ったが、決裂したため、XがYに対して瑕疵担保責任、不法行為責任に基づき損害賠償を請求し、Yが仲裁合意による訴えの却下を求めた。

本件では、仲裁合意の成否が争点になった。

本判決は、仲裁合意の成立を認め、訴えを却下した。

[23] 東京高判平成25年７月10日判タ1394号200頁

X株式会社は、Y株式会社が請け負った公共工事の下請契約を締結し、追加工事を施工したとし、Yに対して工事代金の支払を請求したものであり、Yが仲裁合意の成立を主張した。

本件では、仲裁合意の成否が争点になった。

第一審判決は、仲裁合意の成立を認め、訴えを却下したため、Xが控訴した。

本判決は、仲裁合意の成立を否定し、原判決を取り消し、本件を横浜地裁に差し戻した。

3　改正民法・現行民法633条（報酬の支払時期）

⑴　改正民法においては、現行民法633条の改正はない。現行民法633条の規定は、改正民法においてもそのまま維持されている。

⑵　現行民法633条は、請負契約における仕事の完成の対価である報酬の支払時期について定めている。

現行民法633条は、次のとおり定めている。

【現行民法】

（報酬の支払時期）

第633条　報酬は、仕事の目的物の引渡しと同時に、支払わなければならない。ただし、物の引渡しを要しないときは、第624条第１項の規定を準用する。

⑶　請負契約は、民法632条が明らかにしているように、請負人は、仕事の完成義務を負うのに対し、注文者は、仕事の完成に対する対価として、報酬の支払義務を負う。

仕事の完成の対価は、民法632条は、「報酬」であることを定めているが、実際上は、請負代金とか、単に代金といった用語も使用されている。建設請負においては、請負代金の用語が使用されることが多い（本書では、特段の事情のない限り、報酬の用語を使用する）。

また、請負人の報酬請求権が発生する要件は、請負人が仕事を完成したことである。

⑷　現行民法633条は、特約がある場合は別として、報酬の支払時期を定めるものである。

報酬の支払時期は、請負契約の仕事の性質によって異なり、仕事が目的物の完成を前提とし、目的物の引渡しを内容とする場合とそうでない場合に分けて定められている。報酬の支払は、仕事の目的物の完成との関係からみると、仕事の目的物の完成が先行するものであり、報酬の支払は原則として後払いになる。

仕事が目的物の完成のほか、目的物の引渡しを内容とする場合は、建物の建築等の建設工事の請負契約が該当するが、この場合には、完成した建物等の目的物の引渡しと同時に、報酬を支払うことが必要である（現行民法633条本文）。要するに、完成した仕事の目的物の引渡しと、報酬の支払が同時履行の関係にある（現行民法533条、改正民法533条参照）。

仕事の目的物の引渡しを要しない場合としては、人や物の運送等の請負契約が該当するが、この場合には、仕事が完成した時に支払時期が到来する（現行民法633条ただし書は、同法624条1項を準用しているところ、同条項は、雇用契約における労働者の報酬の支払時期に関する規定であり、労働が終わった時が支払時期であると定めるものである。なお、現行民法624条1項は、今回の民法改正によって改正されていない）。

(5) 請負契約における報酬の支払時期は、前記のとおりの規定があるが、実際には、報酬の支払時期に関する特約が締結されることが多い。建設工事の請負契約の場合にも、契約の締結時、中間時、工事の完成・引渡し時等の分割して支払う旨の特約が締結されることが多い。報酬の支払時期に関する特約は有効である。

(6) 請負契約においては、報酬の支払が必要であり、報酬に関する具体的な額が定められていることが通常であるが、契約によっては報酬の決定基準が定められていることもある（前記(2)のとおり、報酬の支払は、請負契約の要素である）。報酬に関する明確な定めがないとか、報酬に関する条項を欠く請負契約も見かけることがあるが、この場合、無償で仕事の完成を内容とする契約であることは稀であろう（このような契約は、民法632条の要件を欠くものであるから、請負契約とはいえないことになる）。

報酬に関する明確な定めのない等の請負契約については、契約の締結、履行の事情から報酬に関する合意、報酬額を認定することもあり得るが、商法512条の適用を主張し、相当な報酬を請求することも考えられる。

(7) 仕事が完成した場合には、現行民法633条が適用されるが、請負契約がその履行の途中で解約されたり、中止されたりした場合には、請負人が報酬請求権を取得するか、取得するとして、報酬額がいくらであるか、報酬請求権を取得しないとしても、損害賠償等の請求をすることができるかは、解約の理由、中止の理由、請負契約の履行状況等の事情によって検討する必要がある。

◆この分野の参考になる判例としては、次のようなものがある。

【参考判例】

①最三判昭和38年２月12日裁判集民事64号425頁（工事の請負契約において、引渡した目的物に未完成部分があっても、その部分が未払代金に比し極めて軽微である場合には、信義則上代金支払期日の未到来を主張することは許されないとした事例）

この判例は、改正民法においても妥当するものである。

②最三判平成９年２月14日民集51巻２号337頁、判時1598号65頁（請負契約の注文者が瑕疵の修補に代わる損害賠償債権をもって報酬全額の支払との同時履行を主張することができるかは、請負契約の目的物に瑕疵がある場合には、注文者は、瑕疵の程度や各契約当事者の交渉態度等に鑑み信義則に反すると認められるときを除き、請負人から瑕疵の修補に代わる損害の賠償を受けるまでは、報酬全額の支払を拒むことができ、これについて履行遅滞の責任も負わないとされた事例）

「三　請負契約において、仕事の目的物に瑕疵があり、注文者が請負人に対して瑕疵の修補に代わる損害の賠償を求めたが、契約当事者のいずれからも右損害賠償債権と報酬債権とを相殺する旨の意思表示が行われなかった場合又はその意思表示の効果が生じないとされた場合には、民法634条２項により右両債権は同時履行の関係に立ち、契約当事者の一方は、相手方から債務の履行を受けるまでは、自己の債務の履行を拒むことができ、履行遅滞による責任も負わないものと解するのが相当である。しかしながら、瑕疵の程度や各契約当事者の交渉態度等に鑑み、右瑕疵の修補に代わる損害賠償債権をもって報酬残債権全額の支払を拒むことが信義則に反すると認められるときは、この限りではない。そして、同条一項但書は「瑕疵カ重要ナラサル場合ニ於テ其修補カ過分ノ費用ヲ要スルトキ」は瑕疵の修補請求はできず損害賠償請求のみをなし得ると規定しているところ、右のように瑕疵の内容が契約の目的や仕事の目的物の性質等に照らして重要でなく、かつ、その修補に要する費用が修補によって生ずる利益と比較して過分であると認められる場合においても、必ずしも前記同時履行の抗弁が肯定されるとは限らず、他の事情をも併せ考慮して、瑕疵の修補に代わる損害賠償債権をもって報酬残債権全額との同時履行を主張することが信義則に反するとして否定されることもあり得るものというべきである。」

この判例は、改正民法においても妥当するものである。

なお、後記の【参考裁判例】の［26］も参照。

③最一判平成９年７月15日民集51巻６号2581頁、判時1616号65頁（請負人の報酬債権と注文者の瑕疵修補に代わる損害賠償債権との相殺がされた後の報酬残債務について注文者が履行遅滞による責任を負う時期は、請負人の報酬債権に対し注文者がこれと同時履行の関係にある瑕疵修補に代わる損害賠償債権を自働債権とする相殺の意思表示をした場合、注文者は、相殺の意思表示をした日の翌日から履行遅滞による責任を負うとされた事例）

「請負人の報酬債権に対し注文者がこれと同時履行の関係にある目的物の瑕疵修補に代わる損害賠償債権を自働債権とする相殺の意思表示をした場合、注文者は、請負人に対する相殺後の報酬残債務について、相殺の意思表示をした日の翌日から履行遅滞による責任を負うものと解するのが相当である。

けだし、瑕疵修補に代わる損害賠償債権と報酬債権とは、民法634条２項により同時履行の関係に立つから、注文者は、請負人から瑕疵修補に代わる損害賠償債務の履行又はその提供を受けるまで、自己の報酬債務の全額について履行遅滞による責任を負わないと解されるところ（最高裁平成５年㈴第1924号同９年２月14日第３小法廷判決・民集51巻２号登載予定）、注文者が瑕疵修補に代わる損害賠償債権を自働債権として請負人に対する報酬債務と相殺する旨の意思表示をしたことにより、注文者の損害賠償債権が相殺適状時にさかのぼって消滅したとしても、相殺の意思表示をするまで注文者がこれと同時履行の関係にある報酬債務の全額について履行遅滞による責任を負わなかったという効果に影響はないと解すべきだからである。もっとも、瑕疵の程度や各契約当事者の交渉態度等にかんがみ、右瑕疵の修補に代わる損害賠償債権をもって報酬債権全額との同時履行を主張することが信義則に反するとして否定されることもあり得ることは、前掲第三小法廷判決の説示するところである。」

この判例は、改正民法においても妥当するものである。

【参考裁判例】

請負をめぐる紛争においては、仕事の目的物が完成したかどうかが争われることが少なくないが、仕事の完成が問題になった裁判例としては、次のようなものがある。

［24］東京地判平成３年６月14日判時1413号78頁

Ｘは、昭和61年10月、Y_1有限会社（代表者はY_2）との間で、自宅である建物の建築につき代金1600万円で請負契約を締結し、Y_1は、建物を建築し、昭和62年３月、建物をＸに引き渡したところ、Ｘは、車庫が自動車の出入庫できない等の瑕疵を指摘し、修補を請求する等したものの、Y_1が応じなかったことから、ＸがY_1に対して瑕疵担保責任、債務不履行責任、不法行為責任に基づき、Y_2に対して保証契約に基づき損害賠償を請求したのに対し、Y_1が反訴としてＸに対して残代金の支払を請求した。

本件では、完成の成否、瑕疵の有無・内容、注文者の指図の有無、損害額、保証契約の成否、徐斥期間の経過等が争点になった。

本判決は、当初予定された最終の工程まで一応終了し、建物が社会通念上建物として完成されたとし、完成を認め、敷地面積や前面道路との関係で車庫を建築することに相当の無理があったのに、Y_1が車庫の建築を保証し、実現できなかった瑕疵があるとし、Ｘの希望は指図とはいえないとし、建替えを前提とする諸費用の損害を否定し、建物の価値の減少に関する立証をしないとしたものの、慰謝料として90万円の損害を認め、Y_1の瑕疵担保責任又は不法行為責任を認め、Y_2の保証契約を認め、さらに建物の引渡後１年以内に修補請求がされている等とし（有効に行使された瑕疵修補請求権は、その後、消滅時効が完成するまで存続するとした）、Ｘの本訴請求を認容し、Y_1の反訴請求を認容した。

［25］大阪地判平成17年４月26日判タ1197号185頁

Ｙは、平成９年10月、建築業者であるＸ株式会社との間で、請負代金３億7653万円で２棟の建物の建築請負契約を締結し、変更工事が問題になる等し、Ｘが平成10年11月に建物をＹに引き渡したが、その後、追加工事も施工したものの、Ｙが合計３億円を支払っただけであったため、ＸがＹに対して請負残代金の支払を請求した。

本件では、変更工事の有無・内容、追加工事の有無・内容、建物の完成の成否、瑕疵の有無・程度、相殺の成否が争点になった。

本判決は、本工事、変更工事、追加工事とも予定された最後の工程まで一応終了したものであり、建物が完成したものと認め、Ｙの主張に係る約1000箇所の瑕疵の主張については、多くが瑕疵に当たらないとし、一部の瑕疵を認め、請求を認容した。

【参考裁判例】

報酬の支払と同時履行の抗弁が問題になった裁判例としては、次のようなものがある。

[26] 最三判平成９年２月14日民集51巻２号337頁、判時1598号65頁

Ｙは、昭和61年12月、建築業者であるＸ株式会社との間で、代金1650万円（不払いの際の遅延損害金は、１日当たり残代金の1000分の１の割合とする特約）で建物の建築請負契約を締結し、Ｘは、昭和62年11月、工事を完成し、建物を引き渡したところ（この間、追加工事が行われ、Ｙは、代金のうち500万円を支払った）、Ｙが建物の瑕疵があると指摘し、残代金の支払を拒否したため、ＸがＹに対して追加工事の残代金（1196万8647円）を含め残代金等の支払を請求した（Ｙは、損害賠償請求権との同時履行の抗弁を主張した）。

本件では、瑕疵の有無・程度、損害賠償請求権の成否、同時履行の抗弁の当否等が争点になった。

第一審判決は、残代金1159万8847円、瑕疵の修補に代わる損害賠償債権82万4000円の引換え給付を命じ、遅延損害金の支払請求を棄却したため、Ｘが控訴した（Ｙは、Ｘの仮執行宣言による仮執行に応じて支払ったし、控訴審において、Ｙは、損害賠償債権との相殺を主張した）。

控訴審判決は、残代金1184万4147円、瑕疵の修補に代わる損害として132万1300円を認めたものの、仮執行の際にＹが相殺権を放棄したとし、不利益変更の原則により、第一審判決と同様な判決をしたため、Ｘが上告した。

本判決は、瑕疵の程度や契約当事者の交渉態度等に鑑み、瑕疵の修補に代わる損害賠償債権をもって報酬債権全額の支払を拒むことが信義則に反すると認められる場合を除き、両債権の相殺がされなかった場合又は相殺の効果が生じなかった場合には、民法634条２項により、契約当事者の一方は、相手方から債務の履行を受けるまでは、自己の債務の履行を拒むことができ、履行遅滞の責任も負わないとし、本件では同時履行を主張することが信義則に反するともいえないとし、上告を棄却した。

なお、前記【参考判例】の②の判例の紹介も参照。

[27] 福岡高判平成９年11月28日判時1638号95頁

Ｙは、平成５年２月頃、建築業を営むＸとの間で、木造瓦葺平屋建て建物につき請負代金3741万円で建築請負契約を締結し、同年12月、Ｘが建物を完成し、Ｙに引き渡したが、Ｙが瑕疵を指摘し、工事代金のうち1325万円を支払わなかったため、ＸがＹに対して残代金の支払を請求した。

本件では、瑕疵の有無・程度、損害賠償債権との相殺の当否、同時履行の抗弁の当否等が争点になった。

第一審判決は、瑕疵を認め（46万円余)、その範囲で相殺を認め、残額の残代金の支払、遅延損害金の支払請求を認容したため、Ｙが控訴した。

本判決は、46万円余の瑕疵の存在を理由に1325万円の支払につき同時履行の抗弁を主張することは信義則上許されないとし、遅延損害金は約定の弁済期から履行遅滞になるとし、控訴を棄却した。

[28] 東京地判平成11年９月29日判タ1028号298頁

Ａ株式会社は、平成７年３月、Ｙ宗教法人から請負代金１億7400万円で５階建てビルの建築工事を請け負い、平成８年６月、Ｂ株式会社は、Ｙから本件工事を請負代金8400万円で請け負い、Ａに代わって請負人の地位を引き継ぎ、ＹとＢは、平成９年６月、本件工事の請負残代金を追加工事を含め4900万円とする合意をし、平成９年10月、Ｂは、本件工事を完成し、Ｙに引き渡し、Ｙは、建物につき保存登記を経由する等したが、Ｘ株式会社は、Ｂに対する確定判決を有しており、ＢのＹに対する請負残代金債権を差し押さえ、Ｙに対して取立訴訟を提起し、Ｙが瑕疵の修補との同時履行の抗弁を主張した。

本件では、瑕疵の有無・程度、瑕疵修補までの間の支払拒絶の当否（信義則違反、権利の濫用）が争点になった。

本判決は、本件工事には合計268万円余を要する瑕疵があるとし、工事残代金の額に対して修補に要する工事は難しいものではなく、工事費用も小さな額にとどまっている等とし、同時履行の抗弁権の行使は信義則に反して許されない等とし、請求を認容した。

[29] 東京高判平成12年３月14日判タ1028号295頁

前記の［28］東京地判平成11年９月29日判タ1028号298頁の控訴審判決であり、Ｙが控訴した。

本件では、瑕疵の有無・程度、瑕疵修補までの間の支払拒絶の当否（信義則違反、権利の濫用）が争点になった。

本判決は、基本的に第一審判決を引用し、瑕疵修補に要する費用が請負残代金の約5.5％にすぎず、瑕疵の内容も建物の使用と無関係で違和感がなく、請負残代金からすると軽微と評し得る瑕疵を理由に従前の態度を翻して実現可能性の乏しい瑕疵修補との引換給付を主張するに至ったこと等から、同時履行の抗弁権の行使が信義則に反して許されないとし、控訴を棄却した。

[30] 東京高判平成16年6月3日金融・商事判例1195号22頁

内装工事業者であるXは、平成13年3月、Yとの間で、報酬580万円で建物の内装工事を請け負い、追加工事を含め、工事を完成したと主張し、残報酬の支払を求めたが、Yが工事の瑕疵を理由に残報酬の支払を拒否したため、XがYに対して残報酬の支払を請求し、Yが瑕疵修補に代わる損害賠償を受けるまでは報酬の支払を拒否する旨の同時履行の抗弁を主張し、Xが報酬債権との相殺を主張した。

本件では、瑕疵の有無・程度、同時履行の抗弁の成否、相殺の当否が争点になった。

第一審判決は、未完成部分があるとしたものの、本工事、追加工事の報酬を認めた上、瑕疵修補に代わる損害が438万円余あるとし、この支払と引換えに残報酬の支払請求を一部認容したため、Xが控訴した。

本判決は、注文者が瑕疵修補に代わる損害賠償につき同時履行の抗弁を主張した場合、請負人は、報酬請求権を自働債権とし、損害賠償債権と対当額において相殺することができ、これにより、注文者の損害賠償債権と請負人の報酬債権はその対当額において消滅し、請負人は注文者に対して報酬残額の支払を求めることができるとし、原判決を変更し、請求を一部認容した。

【参考裁判例】

商法512条の適用が問題になった裁判例としては、次のようなものがある。

[31] 福岡高判平成2年3月28日判時1363号143頁

医師Y_1と息子Y_2は、病院経営を計画し、Aに土地の購入、融資等の協力を求め、Aは、建築設計をX有限会社の代表者Bに依頼し、Bは、Y_1と面談し、100床程度の病院であり、よろしく頼む旨を告げられ、設計業務を開始し、設計図書、構造計算書、建築確認書を作成したが、土地が農業振興地域にあり、排水施設許可のための関係漁協等の承諾が必要であったことから、Y_1らは土地につき承諾等を条件とする売買仮契約を締結したものの、地元医師会の反対、関係漁協の不承諾等から計画を断念し、設計料の支払を拒否したため、XがY_1らに対して主位的に設計監理契約に基づき、予備的に商法512条に基づき建築設計料の支払を請求した。

本件では、設計監理契約の成否、商法512条の適用の当否、報酬額が争点になった。

第一審判決は、Y_1に対する請求を一部認容し、Y_2に対する請求を棄却したため、Ｘが控訴した。

本判決は、農業振興地域からの除外、農地転用の条件が成就してから設計監理契約を締結する意思であり、その段階に至っていなかったとし、設計監理契約の成立を否定し、商法512条の行為には契約関係だけでなく、事務管理としての行為も含まれ、ＸがY_1らの意思に則りその利益のために設計行為をしたとし、全設計の70％の報酬を認め、Y_1に関する部分を変更し、請求を認容し、Y_2に対する控訴を棄却した。

［32］東京地判平成３年５月30日判時1408号94頁

建築設計監理業を営むＸ株式会社は、昭和63年８月、歯科医師のＹとの間で、３階建ての歯科診療所兼自宅の建築につき、建築設計業務の委託契約を締結し（報酬についての明確な取り決めがなかった）、建築予定の建物の概略図面を作成し、打ち合わせをし、建築確認に必要な構造図、意匠図、構造計算書を作成する等したところ、Ｙにより建築確認申請手続を待ってくれと言われ、建築計画が中止されたため、ＸがＹに対して商法512条に基づき相当な報酬（230万円）の支払を請求した。

本件では、設計委託契約の成否、商法512条の適用の当否、相当の報酬額の算定が争点になった。

本判決は、設計委託契約の成立を認めた上、Ｙの都合により中途解約されたものであるとし、設計業務の出来高が３割であるとし、相当な報酬額を160万円と算定し、請求を認容した。

［33］神戸地判平成４年７月１日判時1448号169頁

Ｙ株式会社は、Ａらが建築予定の貸店舗を賃借し、レストラン、パンの製造販売業を営むことを計画し、Ａとの間で賃貸借契約を締結し、Ｘ株式会社は、Ａらとの間で建物の建築請負契約を締結し、Ｙとの間で内装・設備工事の請負契約を締結する予定であり、都市計画法所定の開発許可申請手続、基本設計、実施設計等の準備行為を行ったが、Ｙが出店を断念し、前記各請負契約を締結することができなくなったため、ＸがＹに対して商法512条に基づき費用、報酬の支払を請求した。

本件では、商法512条の適用の当否、相当の報酬額の算定が争点になった。

本判決は、貸店舗の建築代金は全額Ｙが負担することが予定され、店舗の規模、構造、意匠、仕様のすべてをＹが選択、判断権を有し、Ｘは Ｙの指示に従い建物を建築することが予定されていたものであるから、実質はＹが請負契約を締結して建設するのと異ならないものである等とし、商法512条に基づく相当額の報酬の支払義務を認め、相当額の報酬を算定し、請求を認容した。

[34] 京都地判平成６年10月31日判タ879号241頁

仙台市に本店を有するバス事業を営むＹ株式会社は、ホテルの建築を企画し、設計コンペへの参加を勧誘し、京都市に本店を置くＸ株式会社等が参加したが、Ａ株式会社の設計案が優等とされ、Ｘの提案は採用されなかったことから、ＸがＹに対して主位的に設計委任契約、予備的に商法512条に基づき報酬の支払を請求した。

本件では、設計委任契約の成否、商法512条の適用の当否、相当の報酬額の算定が争点になった。

本判決は、ＸとＹとの間の建築設計契約の成立を否定したが、優等懸賞広告であることを否定し、設計案の作成はＹのためになされた行為である等とし、Ａに支払った金額と同額の報酬を認め、予備的請求を認容した。

4　改正民法634条（注文者が受ける利益の割合に応じた報酬）【現行民法634条（請負人の担保責任）】

(1)　現行民法634条は、請負人の担保責任に関する規定のうち、注文者の瑕疵修補権、損害賠償請求権に関する規定であるが、この規定は廃止されることになり、削除されている。

(2)　改正民法は、民法634条として、注文者が受ける利益の割合に応じた報酬に関する規定を設けるものであり、新設の規定である。
改正民法634条の内容は、次のとおりである。

【改正民法】

（注文者が受ける利益の割合に応じた報酬）
第634条　次に掲げる場合において、請負人が既にした仕事の結果のうち可分な部分の給付によって注文者が利益を受けるときは、その部分を仕事の完成とみなす。この場合において、請負人は、注文者が受ける利益の割合に応じて報酬を請求することができる。
一　注文者の責めに帰することができない事由によって仕事を完成することができなくなったとき。
二　請負が仕事の完成前に解除されたとき。

(3)　改正民法634条は、仕事を完成することができなくなった場合等の報酬請求権に関する規定を新設するものである。
　これは、従来から議論のある事項であり、解除された場合の可分な完成の取扱いについては判例があるが、全体的に請負における仕事の完成に関する新たな規定を設けるものである。

(4)　解除された場合の可分な完成の取扱いに関する判例（最三判昭和56年２月17日判時996号61頁、判タ438号91頁）を参考とし、請負における仕事の完成に関する新たな規定を設け、仕事が全部完成していない場合であっても、請負人が既にした仕事の結果のうち可分な部分について、一定の要件の下、請負人の報酬請求権を認めるものである。

(5)　改正民法634条が適用されるのは、①注文者の責めに帰することができない事由によって仕事を完成することができなくなった場合、又は、②仕事の完成前に請負が解除された場合であり、いずれの場合であっても、仕事の結果が可分であること、可分な部分の給付によって注文者が利益を受けることを要件として、その利益の範囲内において、請負人の注文者に対する報酬請求権を認めるものである。

(6) 改正民法634条一号は、「注文者の責めに帰することができない事由によって仕事を完成することができなくなったとき」は、請負契約の履行が不能になった場合のうち、注文者の責めに帰すべき事由によるときを除く場合のことをいうものである。

契約の履行が不能になった場合、その原因が契約の当事者の責めに帰すべき場合か、責めに帰することができない場合かによって債務不履行や危険負担（現行民法534条ないし536条、改正民法536条参照。なお、現行民法534条、535条は、民法の改正によって廃止され、改正民法536条が危険負担に関する規定として、若干の改正を経て維持されている）の問題として議論がされている。

仕事を完成することができなくなったときという要件の判断は、契約の目的、内容、仕事の種類、内容等の事情を考慮し、個々の事案ごとに取引通念に従って判断するほかないが、絶対的な不能や物理的な不能等に限定されるものではない。

改正民法634条一号は、請負人の責めに帰すべき事由による場合と注文者・請負人の双方の責めに帰することができない事由による場合のいずれかの事由によって仕事が完成することができなかったことを要件とするものである。

これらの事由のうち、注文者・請負人の双方の責めに帰することができない事由としては、災害等の不可抗力の場合が含まれるが、このような場合に限定されるわけではない。

請負人の責めに帰すべき事由としては、請負人自身の責めによる場合だけでなく、原則として下請け関係にある者の責めによる場合を含むものである。下請け関係が数次にわたる場合には、下請け、孫請け等について同様にいうことができる。なお、請負人の責めに帰すべき事由がある場合には、改正民法534条所定の報酬の問題とは別に、請負人の債務不履行責任の問題が生じる。注文者は、報酬の支払義務を負う反面、請負人に対して損害賠償を請求することができることになる。

改正民法634条一号は、注文者に責めに帰すべき事由があり、これによって仕事を完成することができなくなった場合について規定するものではなく、この場合には、改正民法536条２項の規定（前記の危険負担に関する規定である）によって判断されることになる。

⑺　改正民法634条２号は、請負が仕事の完成前に解除されたことを要件として、請負人に同様な報酬請求権を認めるものである。この場合、請負契約の解除は、解除の理由、解除した者を問わず、請負人にこの報酬請求権が認められるものである。

解除の前提となる債務不履行が請負人、あるいは注文者にある場合、相手方が損害賠償請求権を取得することがあるが、この問題は、報酬請求の問題とは別に判断されることになる。

⑻　改正民法634条が適用される効果は、仕事の結果のうち可分な部分の給付によって注文者が利益を受けた範囲で、その部分の仕事が完成したものとみなされることである。この意味で、仕事の結果のうち可分な部分につき仕事が完成したものとして取り扱われることになる。

この場合、要するに、請負人は、注文者が受ける利益の割合に応じて報酬を請求することができることになる（改正民法634条後段）。

この割合的な報酬請求権は、請負契約上予定された仕事の一部について報酬額を算定することが必要になるが、数量的に算定が容易な場合がないではないものの、正確な算定が困難であることが多いであろう。同様な問題は、商法512条に基づく報酬請求の場合にも生じてきたところであり、これらの裁判例が参考になろう。

⑼　なお、前記❸の現行民法633条に関する参考裁判例で紹介している商法512条は、改正民法634条のような事案にも適用される可能性があり、これらの裁判例も実務上参考になる。

⑽　現行民法634条の規定（請負人の担保責任）は、改正民法において削除されたが、これは請負人の担保責任そのものが廃止されたわけではない。現行民法の下においては、634条から640条に請負人の担保責任に関する規定が設けられていたところであり、見方を変えると、典型契約である請負契約に関する現行民法の条文の数（11か条）のうち、60％余を数えるほどであり、請負契約における請負人の担保責任が重要な地位を占めていたものである。

改正民法の請負契約に関する規定を概観すると、後に説明するように、請負人の担保責任に関する条文の数は少なくなり、その担保責任の根拠・内容となる条文はなくなったものの、なお条文が残っているし、請負の実務において請負人の担保責任の重要性が失われたとか、減少したということもない。改正民法の下においては、請負人の担保責任が契約責任であるとの考え方（学説上、契約責任説と呼ばれる見解であったが、主として売買契約における売主の担保責任について議論されていたものである）に立って、その担保責任の根拠や内容については、債務不履行に関する一般的な規定とか、有償契約の代表的な契約である売買契約の担保責任に関する規定の準用（現行民法559条が有償契約に関する包括的な準用を認めるものであるが、この規定は、民法の改正によっても改正されていない）により認めるという条文の構造が採用されているのである。

売買契約の売主の瑕疵担保責任等の担保責任については、法定責任説と前記の契約責任説等の対立があり、議論がされていたところ、下級審の裁判例は圧倒的に法定責任説を採用していたが、その当否は別として、今回の民法の改正によって学説上有力であった契約責任説が採用されたわけである。契約責任説は、売買契約の担保責任について基本的に債務不履行責任であるとする考え方である。なお、請負契約における請負人の担保責任については、売買契約の場合のような議論はなく、そもそも請負人の担保責任が債務不履行責任の特則であると考えられてきたほか、売買契約の売主の担保責任の特則であるとも考えられてきたが、今回の民法の改正は、請負人の担保責任と売主の担保責任を基本的に同じ性質、内容の責任として整理し、基本的に債務不履行責任に一元化するものでもある。

改正民法の下においては、請負人の担保責任は、従来同様に重要であるということができるが、請負契約に関する条文を見ただけではその全貌を理解することができず、債務不履行に関する条文とか、売買の担保責任に関する条文を併せて見ておかなければ正確に理解することができないことになっている。この意味では、不便な条文の構造が採用されているということができる。

改正民法の下における請負人の担保責任としては、注文者は、損害賠償請求権、解除権、追完請求権、報酬減額請求権の４種の権利を取得する可能性がある。請負人の担保請求権の根拠、内容に関する規定としては、損害賠償請求権は、改正民法415条、564条、解除権は、改正民法541条、542条、564条が適用、準用されるし、修補請求権（追完請求権）は、改正民法414条、562条、報酬減額請求権は、改正民法563条が適用、準用される（なお、改正民法562条ないし564条は、売買契約における売主の担保責任に関する規定であり、同法559条により、請負契約にも準用されるものである）。

また、請負人が担保責任を負わない旨の特約は、改正民法572条が準用されるものである。

請負の実務に携わる者としては、現行民法の条文の構造のほうが、改正民法のそれよりも分かりやすいことは否定できない。

◇この分野の参考になる判例としては、次のようなものがある。

【参考判例】

①最三判昭和52年２月22日民集31巻１号79頁、判時845号54頁、判タ347号171頁（注文者の責に帰すべき事由により仕事の完成が不能となった場合における請負人の報酬請求権と利得償還義務が問題になった事案について、請負契約において仕事が完成しない間に注文者の責に帰すべき事由によりその完成が不能となった場合には、請負人は、自己の残債務を免れるが、民法536条２項により、注文者に請負代金全額を請求することができ、ただ、自己の債務を免れたことにより得た利益を注文者に償還すべきであるとした事例）

この判例は、改正民法においても妥当するものである。

②最三判昭和52年12月23日判時879号73頁（整地請負契約における契約の全部解除が認められるべきであり、一部解除の認定が相当でないとした事例）

「原判決は、⑴　昭和37年８月中旬ころ、被上告人平野は、訴外中本興業株式会社（以下「訴外会社」という。）の注文によつて、訴外会社が同年10月１日に開校する予定の釧路愛国自動車学校の用地の整地、練習用コース周囲の明渠の設置及び排水の工事（以下「本件工事」という。）をその完成期日を同年９月中旬と定めて請負い、上告人は、訴外会社の被上告人に対する右請負工事の報酬債務を重畳的に引き受けるとともに、その支払に代えて上告人所有の釧路市古川町47番地及び48番地の土地のうち1000坪を被上告人平野に譲渡する旨約定した、⑵　上告人は、同年９月22日、右約定に基づき、被上告人平野に対し、右1000坪の土地の約２分の１に相当する第一審判決添付目録記載の土地約500坪（以下「本件土地」という。）を譲渡し、その所有権移転登記を経由した、⑶　被上告人平野は、昭和37年８月下旬本件工事に着手したが、準備作業として公道から自動車学校用地に入る道路部分に土を入れて整備したほか、排水工事の一部に手をつけ、約3000坪に及ぶ練習用コース敷地のほぼ六等分された一区画に若干の土砂を搬入しただけで、本件工事全工程の約10分の２程度の工事をした段階にすぎなかつたにもかかわらず、同年九月中旬ころ工事を中止してしまつた、⑷　訴外会社代表者は、再三にわたつて工事の続行を催告したが、被上告人平野がこれに応ぜず全工事完成の見込がたたなくなつたので、同年11月下旬ころ被上告人平野に対して本件工事残部の打切りを申し入れ、既設工部分の引渡を受けるとともに、本件土地の返還を要求したところ、被上告人平野は、既設工部分の出来高代金として100万円を支払わなければ本件土地の返還要求には応じられないとの態度を示し、訴外会社代表者も自動車学校の開校が遅れたことによる損害の発生を主張し、その損害賠償債権と出来高工事代金債権とを相殺するとして、被上告人平野の要求する100万円の支払を拒絶した、との事実を認定した、⑸　そして、以上の事実からすれば、訴外会社は、昭和37年11月下旬ころ、被上告人平野に対し、債務不履行を理由に本件工事のうち未完成部分についての工事請負契約を解除するとともに、併せて、被上告人平野の出来高工事代金債権と同被上告人の債務不履行による訴外会社の損害賠償債権とを対等額で相殺する旨の意思表示をしたことが認められるが、右解除は契約の一部解除であつて、その効果は本件工事請負契約に基づいて被上告人平野がした既設工部分についてまで及ぶものではなく、既設工部分についての契約関係は右解除によりなんらの影響を受けるものではないから、上告人が本件土地所有権を被上告人平野に移転したことは、既設工部分の工事出来高代金債務に対する前払としてなお有効であり、被上告人平野に対する本件土地所有権移転の効果が解除により消滅するいわれはないとしているのである。

しかしながら、原審の確定したところによれば、被上告人平野は本件工事全工程の約10分の２程度の工事をしたにすぎず、また、本件工事はその性質上不可分であるとはいえないが、被上告人平野のした右既設工部分によつては訴外会社が契約の目的を達することはできないことが明らかであるところ、訴外会社代表者は、本件工事残部の打切りを申し入れるとともに本件土地全部の返還を要求しているのであるから、他に特別の事情がない以上、右本件工事残部の打切りの申入をすることにより、訴外会社は契約全部を解除する旨の意思表示をしたものと解するのを相当とすべく、単に、右残工事部分のみについての契約の解除の意思表示をしたものと断定することは妥当を欠くものといわなければならない。それにもかかわらず、原判決が、右特別の事情のあることを認定することなく、残工事部分のみについての契約の解除を認めたのは、経験則に照らして是認することができないものというべく、論旨は理由がある。」

この判例は、改正民法においても妥当するものである。

③最三判昭和56年２月17日判時996号61頁、判タ438号91頁（建物等の工事未完成の間に注文者が請負人の債務不履行を理由に請負契約を解除する場合において、工事内容が可分であり、かつ当事者が既施行部分の給付について利益を有するときは、特段の事情がない限り、同部分について契約を解除することは許されないとした事例）

「原審が確定したところによれば、⑴　訴外株式会社中谷工務店（以下「中谷工務店」という。）は、昭和46年６月９日被上告人から西舞子建売住宅の新築工事を請け負つた（以下「本件建築請負契約」という。）、⑵　上告人は、中谷工務店に対し48万7000円の約束手形金債権を有していたところ、これを保全するため、昭和46年７月31日中谷工務店が被上告人に対して有していた本件建築請負契約に基づく工事代金債権のうち48万7000円につき債権仮差押決定をえ、右決定は同年８月２日第三債務者である被上告人に送達された、⑶　当時、被上告人は中谷工務店に対し少なくとも48万7000円の工事代金債務を負つていた、⑷　次いで、上告人は、中谷工務店に対する右約束手形金の請求を認容した確定判決に基づき、右仮差押中の債権についての債権差押及び取立命令をえ、右命令は同年10月30日、被上告人に送達された、⑸　ところが、中谷工務店は、これより先の昭和46年８月下旬ごろには建築現場に来なくなり、同年９月10日までには全工事を完成することを約しながらこれを履行せず、経営困難により工事を完成することができないことが明らかとなつたため、被上告人は、右同日、中谷工務店に対し口頭で本件建築請負契約を解除する旨の意思表示をした、というのである。

原審は、右事実関係に基づき、本件建築請負契約が中谷工務店の債務不履行を理由に解除されたことにより、中谷工務店の被上告人に対する工事代金債権も消滅したとして、上告人の差押にかかる前記48万7000円の工事代金債権についての本件取立請求を排斥した。

しかしながら、建物その他土地の工作物の工事請負契約につき、工事全体が未完成の間に注文者が請負人の債務不履行を理由に右契約を解除する場合において、工事内容が可分であり、しかも当事者が既施工部分の給付に関し利益を有するときは、特段の事情のない限り、既施行部分については契約を解除することができず、ただ未施工部分について契約を一部解除をすることができるにすぎないものと解するのが相当であるところ（大審院昭和６年(オ)第1778号同７年４月30日判決・民集11巻８号780頁参照）、原判決及び記録によれば、被上告人は、本件建築請負契約の解除時である昭和46年９月10日現在の中谷工務店による工事出来高が工事全体の49.4パーセント、金額にして691万0590円と主張しているばかりでなく、右既施工部分を引取つて工事を続行し、これを完成させたとの事情も窺えるのであるから、かりにそのとおりであるとすれば、本件建築工事は、その内容において可分であり、被上告人は、既施工部分の給付について利益を有していたというべきである。」

この判例は、改正民法においても妥当するものである。

【参考裁判例】

請負契約が工事等の途中で解除、中止されたような場合には、工事等の出来高（出来形）が、損害賠償、報酬の請求の場面で問題になることがあり、裁判例において損害額、報酬額の算定に関係する争点の一つとして取り上げられることがあるが、主として出来高が問題になった裁判例としては、次のようなものがある。

[35] 神戸地判平成２年10月25日判タ755号182頁

Ｙは、ビル（医療従事者をテナントとする医療ビル）の新築工事を計画し、昭和63年10月、Ｘに本件ビルの設計業務、工事監理業務を契約時300万円、実施設計時300万円、完了時300万円の代金900万円で依頼し、Ｘはプラン図面を作成する等したが、Ｙが同月末、本件請負契約を解除したため、ＸがＹに対して主位的に着手金の支払、予備的に任意解除特約に基づく報酬の支払を請求した。

本件では、解除の効力、特約の効力等が争点になった。

本判決は、信頼関係の破壊による解除を否定し、特約による解除を認めた上、出来高を５％と認め、主位的請求を棄却し、予備的請求を一部認容した。

［36］東京地判平成３年５月30日判時1408号94頁

建築設計監理業を営むＸ株式会社は、昭和63年８月、歯科医師のＹとの間で、３階建ての歯科診療所兼自宅の建築につき、建築設計業務の委託契約を締結し（報酬についての明確な取り決めがなかった）、建築予定の建物の概略図面を作成し、打ち合わせをし、建築確認に必要な構造図、意匠図、構造計算書を作成する等したところ、Ｙにより建築確認申請手続を待ってくれと言われ、建築計画が中止されたため、ＸがＹに対して商法512条に基づき相当な報酬（230万円）の支払を請求した。

本件では、設計委託契約の成否、報酬の請求の当否、相当の報酬額の算定が争点になった。

本判決は、設計委託契約の成立を認めた上、Ｙの都合により中途解約されたものであるとし、設計業務の出来高が３割であるとし、相当な報酬額を160万円と算定し、請求を認容した。

［37］東京地判平成５年10月５日判時1497号74頁

有料老人ホームを経営するＸ株式会社は、平成２年２月、建築土木工事の設計等を業とするＹ株式会社との間で、有料老人ホームの新築につき報酬１億2000万円で設計監理委託契約を締結し、報酬の一部3000万円をＹに支払い、ＸとＹは打ち合わせ等を行ったところ、ＸがＹに不信感を抱く等したことから、ＸがＹに対して関係官庁との調査打ち合わせを行わず、建物の完成が不可能になり、信頼関係が破壊された等と主張し、本件契約を解除し、支払済みの3000万円の返還を請求したのに対し、Ｙが反訴として根拠のない解除により本件契約の履行が不能になったと主張し、民法536条２項に基づき報酬の一部の支払を請求した。

本件では、履行不能の成否、Ｙの不履行によるＸの解除の当否、民法536条２項の適用の当否、出来高の算定が争点になった。

本判決は、Ｙの仕事は遅れがちであったものの、社会通念上仕事の完成が不可能になったとはいえないし、ＸとＹの信頼関係が破壊されたともいえないとし、本件解除の効力を否定し、Ｘが根拠のない解除により、Ｙの仕事の完成を不可能にしたとし、民法536条２項により、Ｙが報酬の残額の支払請求権を取得するが、出来高の範囲にとどまるとし、3000万円にとどまるものとし、本訴請求、反訴請求を棄却した。

[38] 東京高判平成７年４月17日判タ896号178頁

ともに建築業を営むＸとＹ株式会社とは、昭和62年10月、Ａ学校法人のセミナースクールの第一期工事（西館改修工事、食堂棟新築工事）の請負契約を締結し、Ｙが追加工事を含め工事を施工した後、昭和63年10月、セミナースクール第二期工事（本館新築工事、東館改修工事）につき口頭の話合いを行い、Ｙが旧本館の解体工事、外構工事に着手したが、その後の工事をしなかったことから、Ｘが他の業者に工事を依頼し、セミナースクールの利用者である高校生の宿泊等につきＢ株式会社に代金を支払う等したことから（Ｂは、本件工事の元請人であり、Ｘは、Ｂの建築事業部長であった）、ＸがＹに対して支払超過分の返還、債務不履行に基づき損害賠償を請求した。

本件では、請負契約の当事者（Ｘか、Ｂか）、工事の出来高、債務不履行の成否、損害が争点になった。

本判決は、本件各請負契約の当事者は、Ｂではなく、Ｘであるとした上、工事の出来高を算定し、第二期の工事の完成が遅れ、債務不履行を認め（入浴代金の損害を認めたが、宿泊代金の損害は、相当因果関係が否定された）、原判決を変更し、請求を一部認容した。

[39] 東京地判平成８年６月21日判タ938号147頁

Ｘ株式会社は、平成４年１月、マンションの建築工事を計画していたY_1株式会社、Y_2株式会社との間で、代金1353万円で建築設計・施工監理業務の請負契約を締結し、請負に係る業務を行っていたところ、マンションの建築計画が近隣の住民の反対運動により長期間進行しなかったことから、Ｘが請負契約を解除し、業務の53％を遂行したと主張し、Y_1らに対して出来高に係る代金残額（既払金202万円を控除したもの）の支払を請求した。

本件では業務の出来高の算定が争点になった。

本判決は、建設省の基準による報酬額の積算の方法等を排除し、独自の立場から遂行した業務が47.97％であると認め、算定し、請求を一部認容した。

[40] 大阪地判平成17年１月26日判時1913号106頁

Ｙ株式会社は、平成15年３月、Ａ株式会社との間で、請負代金約27億円で建物建築請負契約を締結し、Ａが工事に着手したところ、Ａが平成15年10月に民事再生手続開始決定を受け（Ｂ弁護士らが管財人に選任された）、本件工事は完成していなかったが、Ａは、平成15年11月、本件契約を民事再生法49条に基づき解除したことから、Ｙに既施工部分を引き渡し、Ｂ、Ｙ、本件工事を引き継ぐこととなったＣ株式会社の間で、本件工事の出来高が２億7528万600円であることを確認し（Ａは、当時、Ｙから請負代金として１億4175万円の支払を受けていた）、Ｂらは、Ａの営業を裁判所の許可を得て、平成16年３月、Ｘ株式会社に譲渡するとともに、Ｙに対する本件工事の出来高分残金請求権を譲渡したため、ＸがＹに対して請負残代金の支払を請求した。

本件では、出来高相当の報酬請求の当否、工事途中で建物の建築工事が中止した場合における出来高の算定が争点になった。

本判決は、工事が完成していない場合、原則として既施工部分の出来高報酬を請求することはできないが、注文者が既施工部分の引渡しを受け、それを利用し、別の第三者と続行工事の請負契約を締結し、既施工部分の利益を受けて残工事を完成させたような場合には、既施工部分の解除は許されないと構成し、あるいは既施工部分の出来高に対する報酬を支払うのが当事者の合理的意思であると考え、あるいは信義則を適用し、報酬請求権を認めるのが相当であるとし、本件では続行工事費用が増大し、既施工部分を考慮しても、なおＹに損失ないし損害が生じているような状況であり、当事者の合理的意思ないし信義則の面からも出来高相当の報酬請求権を認めるべき根拠を欠いているとし、請求を棄却した。

5 民法635条の削除
【現行民法635条（請負人の担保責任）】

(1) 現行民法635条は、請負人の担保責任に関する規定のうち、注文者の請負契約の解除権に関する規定であるが、前記4で説明したとおり、改正民法においては、後記のとおり、若干の規定を残し、現行民法の請負契約に固有の担保責任に関する規定は廃止されることになり、削除されている。

改正民法の下における請負人の担保責任としては、注文者は、損害賠償請求権、解除権、追完請求権、報酬減額請求権の４種の権利を取得する可能性がある。請負人の担保請求権の根拠、内容に関する規定としては、損害賠償請求権は、改正民法415条、564条、解除権は、改正民法541条、542条、564条が適用、準用されるし、修補請求権（追完請求権）は、改正民法414条、562条、報酬減額請求権は、改正民法563条が適用、準用される（なお、改正民法559条参照）。請負人が担保責任を負わない旨の特約は、改正民法572条が準用される。

(2) 改正民法においては、現行民法635条は、現行民法634条と共に、削除された。

(3) 請負人が請負契約の履行として仕事を完成したものの、完成した目的物等に瑕疵がある場合、現行民法は、担保責任の問題として取り扱い（債務不履行責任の特則であると考えられてきたし、売買における売主の瑕疵担保責任の特則であるとも考えられてきた）、仕事が完成する前の段階では、債務不履行責任の問題として取り扱ってきた。なお、請負人の担保責任は、請負人の瑕疵担保責任と呼ばれることもあった。

改正民法は、請負人の責任について、現行民法による仕事の完成の前後において債務不履行責任と担保責任を分けるという基本的な考え方を採用せず、仕事の完成の前後における法的な責任を債務不履行責任として一元化するものである。

現行民法における請負人の担保責任は、仕事の目的物の瑕疵を要件とするものであり、この瑕疵の発生につき請負人の過失を要しないことから、無過失責任であると解されていた（なお、売買における売主の瑕疵担保責任と比較すると、請負人の担保責任は、瑕疵につき隠れたものであることを要しないという違いもあった）。改正民法における請負人の担保責任は、債務不履行責任であることから、無過失責任ではなく、過失責任であると解するほかはなく、今後の請負の実務では、請負人の担保責任が現行民法の時期と比較してより狭く解されるかどうか、どのような違いがあるか等の運用が注目される。

⑷　改正民法は、請負人の責任について前記のような考え方を採っているが、請負人の責任の用語としては、「請負人の担保責任」との用語を現行民法と同様に使用している。しかし、請負人の担保責任の性質、内容は、従前と同様な用語ではあっても、前記のとおり変更されていることに注意をしておくことが必要である。

⑸　改正民法の請負契約に関する部分（第三編「債権」第２章「契約」第９節）においては、「請負人の担保責任」に関する規定が設けられているが、これは、債務不履行、有償契約に適用される売買に関する諸規定（追完請求権、損害賠償請求権、報酬減額請求権、解除権）の適用・準用に委ねるものである。請負に関する改正民法においては、このような考え方を前提とし、請負に特有な事項についてのみ規定を設けようとするものである。

なお、本書においては、「準用」という用語を使用することが多いが、一般的には、「準用」と「適用」については、ある法律の規定（例えば、請負契約に関する規定や売買契約に関する規定）をそのまま適用することは「適用」といい、他方、類似する事項には、当該規定をそのまま適用することはできないものの、類似する事情を考慮して修正して適用することを「準用」といっている（一般的には、法律上、「準用する」等とその旨を明示する場合に認められる）。請負人の担保責任については、売買契約における売主の担保責任に関する規定（例えば、改正民法562条、563条、564条等）を準用することになっているが（現行民法559条）、この場合には、売買契約のこれらの規定を請負契約の趣旨に従って読み替えることが必要であり（現在の立法においては、準用する場合には、準用に係る読替えについて、読替え規定が別に設けられているが、改正民法においては、読替え規定は設けられていない）、重要である。例えば、売買契約に関する前記の規定については、「売主」を「請負人」、「買主」を「注文者」と読み替えることなどが必要になる。

改正民法における請負人の担保責任は、現行民法の仕事の目的物の瑕疵から、種類又は品質に関して契約の内容に適合しない仕事の目的物を注文物に引き渡したこと、あるいは引渡しを要しない場合にあっては、仕事が終了した時に仕事の目的物が種類又は品質に関して契約の内容に適合しないことを要件として認められるものである。改正民法においては、「仕事の目的物の瑕疵」から、「仕事の目的物が種類又は品質に関して契約の内容に適合しないこと」(この要件は、「契約不適合」と呼ぶことになろうが、日本語、法律用語としてはいささか滑らかさに欠けるところがある)に請負人の担保責任の基本的な要件が変更されることになる。

請負人の担保責任は、仕事の目的物の契約不適合を要件として、以下に説明する追完請求権、損害賠償請求権、報酬減額請求権、解除権を注文者に認めるものである。

(6) 請負契約における注文者の追完請求権については、次の規定によることになる。

【改正民法】

(履行の強制)

第414条 債務者が任意に債務の履行をしないときは、債権者は、民事執行法その他強制執行の手続に関する法令の規定に従い、直接強制、代替執行、間接強制その他の方法による履行の強制を裁判所に請求することができる。ただし、債務の性質がこれを許さないときは、この限りでない。

2 前項の規定は、損害賠償の請求を妨げない。

【改正民法】

(買主の追完請求権)

第562条 引き渡された目的物が種類、品質又は数量に関して契約の内容に適合しないものであるときは、買主は、売主に対し、目的物の修補、代替物の引渡し又は不足分の引渡しにより履行の追完を請求することができる。ただし、売主は、買主に不相当な負担を課するものでないときは、買主が請求した方法と異なる方法による履行の追完をすることができる。

2 前項の不適合が買主の責めに帰すべき事由によるものであるときは、買主は、同項の規定による追完の請求をすることができない。

改正民法における注文者の追完請求権は、従来は瑕疵修補請求権（現行民法634条１項）と呼ばれていたものである。請負人が請負契約の内容をその本旨に従って履行しない場合、債務不履行に該当するものであり、請負契約の内容に従って履行すべき義務を負い（注文者からみると、請負契約の内容に従って履行すべきことを請求することができ、その内容の権利を有することになる）、その履行が強制されることになる。

(7)　請負契約における注文者の損害賠償請求権は、次の規定によることになる。

【改正民法】

（債務不履行による損害賠償）

第415条　債務者がその債務の本旨に従った履行をしないとき又は債務の履行が不能であるときは、債権者は、これによって生じた損害の賠償を請求することができる。ただし、その債務の不履行が契約その他の債務の発生原因及び取引上の社会通念に照らして債務者の責めに帰することができない事由によるものであるときは、この限りでない。

２　前項の規定により損害賠償の請求をすることができる場合においては、債権者は、次に掲げるときは、債務の履行に代わる損害賠償の請求をすることができる。

一　債務の履行が不能であるとき。

二　債務者がその債務の履行を拒絶する意思を明確に表示したとき。

三　債務が契約によって生じたものである場合において、その契約が解除され、又は債務の不履行による契約の解除権が発生したとき。

【改正民法】

（買主の損害賠償請求及び解除権の行使）

第564条　前二条の規定は、第415条の規定による損害賠償の請求並びに第541条及び第542条による解除権の行使を妨げない。

現行民法においても、債務不履行による損害賠償に関する規定があり（415条）、改正民法の規定と若干の文言が異なるところがあるが、実質的には変更がないと解することができる。

請負人の担保責任に基づく損害賠償請求権については、現行民法においては、瑕疵修補請求に代わるもの、瑕疵修補請求とともに請求するもの、瑕疵修補請求と関わりなく請求するものがあり、相互の関係、損害の種類、損害の範囲（因果関係の範囲）等が問題になってきた。改正民法においては、損害賠償請求と追完請求との関係に関する現行民法の規定が廃止されていることから、現行民法の時期と同様な問題は生じない。改正民法の下においては、請負人の担保責任に基づく損害賠償請求権は、債務不履行責任として一元化されたことから、因果関係についでは改正民法416条（現行民法416条２項の一部が改正されている）が適用されるほか、追完請求権、解除権の各行使との関係、損害賠償額の算定時期、損害賠償の範囲等につき理論的に解決すべき事項がある。

(8) 請負契約における注文者の報酬減額請求権については、次の規定を準用して認められることになる。

【改正民法】

（買主の代金減額請求権）

第563条 引き渡された目的物が種類、品質又は数量に関して契約の内容に適合しないものである場合において、買主が相当の期間を定めて履行の追完の催告をし、その期間内に履行の追完がないときは、買主は、その不適合の程度に応じて代金の減額を請求することができる。

2 前項の規定にかかわらず、次に掲げる場合には、買主は、同項の催告をすることなく、直ちに代金の減額を請求することかできる。

一 履行の追完が不能であるとき。

二 売主が履行の追完を拒絶する意思を明確に表示したとき。

三 契約の性質又は当事者の意思表示により、特定の日時又は一定の期間内に履行をしなければ契約をした目的を達することができない場合において、売主が履行をしないでその時期を経過したとき。

四 前三号に掲げる場合のほか、買主が前項の催告をしても履行の追完を受ける見込みがないことが明らかであるとき。

3 第１項の不適合が買主の責めに帰すべき事由によるものであるときは、買主は、前二項の規定による代金の減額を請求することができない。

現行民法においては、仕事の目的物に瑕疵がある場合、注文者は、瑕疵の内容・程度等の事情によって瑕疵修補請求権、損害賠償請求権、解除権が認められていたが、改正民法においては、これらの権利のほかに、報酬減額請求権が認められる。

もっとも、現行民法においては、形式的には報酬減額請求権が認められてはいなかったが、実際には、注文者が瑕疵につき損害賠償請求権を取得し、この損害賠償請求権を、請負人の報酬請求権の請求に対して相殺を主張することによって、報酬の減額が認められることがあり（多数の判例、裁判例がある）、実質的には報酬の減額請求が認められるのと同様な取扱いがされることがあったところである。

注文者の報酬減額請求権は、売買における代金減額請求権に関する改正民法563条の規定を準用して認められるものであるため（前記のとおり、改正民法563条の規定は、売買を前提とした用語が使用されている）、この規定の文言を「請負契約」の場合を前提として用語を読み替えることが必要である。例えば、改正民法563条の「買主」は「注文者」、「売主」は「請負人」、「引き渡された目的物が種類、品質又は数量に関して契約の内容に適合しないものである場合」は「請負人が種類又は品質に関して契約の内容に適合しない仕事の目的物を注文者に引き渡したとき（その引渡しを要しない場合にあっては、仕事が終了した時に仕事の目的物が種類又は品質に関して契約の内容に適合しないとき）」と読み替えることが必要である。

(9)　請負契約における注文者の解除権については、次の規定によることになる。

【現行民法】

（催告による解除）

第541条　当事者の一方がその債務を履行しない場合において、相手方が相当の期間を定めてその履行の催告をし、その期間内に履行がないときは、相手方は、契約の解除をすることができる。ただし、その期間を経過した時における債務の不履行がその契約及び取引上の社会通念に照らして軽微であるときは、この限りでない。

（催告によらない解除）

第542条　次に掲げる場合には、債権者は、前条の催告をすることなく、直ちに契約の解除をすることができる。
一　債務の全部の履行が不能であるとき。
二　債務者がその債務の全部の履行を拒絶する意思を明確に表示したとき。
三　債務の一部の履行が不能である場合又は債務者がその債務の一部の履行を拒絶する意思を明確に表示した場合において、残存する部分のみでは契約をした目的を達することができないとき。
四　契約の性質又は当事者の意思表示により、特定の日時又は一定の期間内に履行をしなければ契約をした目的を達することができない場合において、債務者が履行をしないでその時期を経過したとき。
五　前各号に掲げる場合のほか、債務者がその債務の履行をせず、債権者が前条の催告をしても契約をした目的を達するのに足りる履行がされる見込みがないことが明らかであるとき。
2　次に掲げる場合には、債権者は、前条の催告をすることなく、直ちに契約の一部を解除することができる。
一　債務の一部の履行が不能であるとき。
二　債務者がその債務の一部の履行を拒絶する意思を明確に表示したとき。

（債権者の責めに帰すべき事由による場合）
第543条　債務の不履行が債権者の責めに帰すべき事由によるものであるときは、債権者は、前二条の規定による契約の解除をすることができない。

【改正民法】

（買主の損害賠償請求及び解除権の行使）
第564条　前二条の規定は、第415条の規定による損害賠償の請求並びに第541条及び第542条による解除権の行使を妨げない。

現行民法の仕事の目的物の瑕疵を理由とする請負契約の解除権は、他の請負人の担保責任と共に、債務不履行責任に一元化されたものであり、改正民法541条以下の規定は、改正民法415条以下の債務不履行に関する規定を前提とするものである。改正民法415条ただし書は、「債務の不履行が契約その他の債務の発生原因及び取引上の社会通念に照らして債務者の責めに帰することができない事由によるものであるときは」、債務者は債務不履行責任を負わないことを明らかにしているほか、改正民法543条は、「債務の不履行が債権者の責めに帰すべき事由によるものであるときは」は、債権者である注文者は請負契約を解除することができると解することになる。

現行民法においては、仕事の目的物に瑕疵があった場合、注文者が請負契約を解除するについて、解除を制限する規定が設けられていた。

現行民法635条は、前記のとおり、改正民法によって廃止、削除されたものであるが、仕事の目的物に瑕疵がある場合における注文者の請負契約の解除権に関する規定であった。現行民法635条は、注文者による請負契約の解除について、仕事の目的物に瑕疵があるだけでなく、そのために契約の目的を達することができない場合に限って契約の解除を認めること、仕事の目的物が建物その他の土地の工作物であるときは、契約の解除ができないことを定めていた。

改正民法は、このような注文者の請負契約の解除に関する制限を廃止したものであるが、建設工事の請負の実務においてどのような影響がどの程度生じるかにつき関心がもたれている。

まず、現行民法における仕事の目的物の瑕疵を理由とする請負契約の解除は、債務者である請負人の過失を要しないものであるのに対し、改正民法における仕事の目的物の契約不適合を理由とする請負契約の解除は、請負人の過失が必要である。改正民法において請負契約の解除につき請負人の過失が必要である場合、注文者が請負人の過失の立証責任を負うものではなく、請負人が過失がないことの立証責任を負うこと、過失がないこと（より正確にいえば、「債務の不履行が契約その他の債務の発生原因及び取引上の社会通念に照らして債務者の責めに帰することができない事由によるものであるとき」である）の立証は相当に困難であることに照らすと、請負人の債務不履行の免責が認められる可能性は否定できないものの、実際には現行民法の実務における場合と相当に異なる判断がされるとはいえない。

次に、改正民法においては、現行民法635条のような解除の制限規定が廃止されていることから、仕事の目的物の契約不適合を理由とする注文者による請負契約の解除が制限されないのではないかとの疑問が生じる。しかし、改正民法541条は、債務の不履行がその契約及び取引上の社会通念に照らして軽微であるときは、契約の解除ができないとするものであるし（催告しても契約の解除ができないものである）、契約の解除は、原則として債務の履行を催告することになっていることから（催告なしに契約を解除するための要件は、相当に厳格である）、仕事の目的物が契約不適合であってもこれが軽微である場合には、前記の改正民法541条の「債務の不履行がその契約及び取引上の社会通念に照らして軽微であるとき」に該当すると解することができる。逆に、仕事の目的物が契約不適合であり、そのために契約の目的を達することができない場合には、請負契約の解除が認められることになる。仕事の目的物が建物その他の土地の工作物である場合には、改正民法においては、一律に請負契約の解除が否定されるものではない。現行民法635条ただし書については、改正民法によって削除されたが、既に重大な瑕疵のある建物については、建物の取壊し、建替えによる損害賠償請求権を認める判例（最三判平成14年９月24日判時1801号77頁、判タ1106号85頁）があり、建物その他の土地の工作物の請負については、一律に解除権、あるいは実質的にこれと同様な損害賠償請求権、追完請求権を否定することは合理性に乏しく、事案ごとに妥当な判断をすることが合理的であると考えられているからである。

もっとも、改正民法においては、請負人の建設工事に関する債務不履行を理由とする請負契約の解除が具体的にどのような事情がある場合には認められ、どのような事情がある場合には解除が制限されるかが明確でなくなっていることは否定できない。改正民法においては、現行民法の時期と比較すると、建設工事の請負人にとっては法的に不安定になっているため、請負契約の内容、建設工事の施工につき、契約不適合の事態を生じさせないとか、誠実に工事の施工に努めるとか、自己の落ち度によって施工を中断させない等の配慮が重要になる。改正民法においては、請負人にとって注文者の解除権の行使に反論する場合、軽微であるとの反論のほか、契約不適合でないとの反論、さらに解除権の行使が権利の濫用、信義則違反であるとの反論が実用的なものになる。

⑽　請負人による仕事の目的物の契約不適合を理由とする前記の請負契約の解除は、改正民法541条等の規定に基づくものであり、法定解除と呼

ぶことができる解除である（この場合の解除権は、法定解除権である）。契約の解除には、民法の規定に基づくもののほかに、合意に基づく解除もあり、約定解除と呼ばれている（この場合の解除権は、約定解除権であり、この合意は、解除特約と呼ばれている）。

約定解除は、契約自由の原則によって原則として有効であるが、実際にも様々な内容の約定解除が通常利用されている。約定解除の内容は様々であり、中には法定解除と同様な内容のものもあるが、この場合には、実際には約定解除を定めた意味はさほどない。現行民法の内容と同様な内容を定めたり、改正民法の法定解除の内容をより具体化、明確化した内容を定めたりした約定解除を請負契約の内容として利用することも実際的な意味がある。

⑾　前記のとおり、請負人の担保責任は、現行民法の仕事の目的物の瑕疵から、種類又は品質に関して契約の内容に適合しない仕事の目的物を注文物に引き渡したこと、あるいは引渡しを要しない場合にあっては、仕事が終了した時に仕事の目的物が種類又は品質に関して契約の内容に適合しないこと（契約不適合）を要件として認められるものである。現在、請負人の担保責任の要件に関する変更が、請負契約、特に建設工事の請負契約にどのような影響を与えるのか、注文者、請負人にどのような利害の変更を迫るのか等に関心が持たれるところである。

請負人の担保責任の要件自体は、前記のとおり、用語の変更はあるものの、仕事の目的物の瑕疵については、通常有すべき性状・品質等と定義され、請負契約の内容・性質等の請負に関する諸事情を考慮してこの要件の該当性が判断されてきたところである（後記の判例、裁判例参照）。特に瑕疵の有無は、個々の請負契約の内容・性質も重要な事情として考慮され、判断されてきたことに照らすと、前記内容の仕事の目的物の契約不適合の要件の意義・解釈と比較すると、さほど異なるものではないということができる。契約不適合の要件をめぐる諸問題、判例・裁判例の内容は今後の運用において現実化するものではあるが、従前の瑕疵をめぐる判例・裁判例もこのような意味で参考になるものである。

⑿　請負人の担保責任については、改正民法は、現行民法の諸規定に対応して内容を変更し、改正規定を設けているが、注文者の債務不履行責任については、現行民法に特段の規定はなかったところであり、改正民法

においても特段の規定は設けられていない。改正民法においても、改正民法415条等の一般規定によることになる。

⒀　請負人の担保責任の基本的な要件は、民法の改正によって瑕疵から契約不適合に変更されたわけであるが（売買契約における売主の瑕疵担保責任も同様な改正がされている）、これに対応して、建設業法19条1項12号、住宅の品質確保の促進等に関する法律2条5項、特定住宅瑕疵担保責任の履行の確保等に関する法律2条2項等の関係する法律についても、同様な変更が行われている。現行民法の下においては、建設工事請負契約書等の契約書でも請負人の責任について瑕疵の用語が使用されていることが通常であるが、用語の変更だけでなく、請負人の担保責任に関する民法の改正に沿ってこれらの契約書の改訂を検討することも必要であろう。

◇この分野の参考になる判例としては、次のようなものがある。

【参考判例】

①最二判昭和36年7月7日民集15巻7号1800頁（請負契約の目的物の瑕疵修補に代る損害賠償請求と損害額算定の基準時が問題になった事案について、請負契約における仕事の目的物の瑕疵につき、請負人に修補を請求したが、これに応じないので、修補に代る損害の賠償を請求する場合においては、修補請求の時を基準として損害の額を算定するのが相当であるとした事例）

この判例は、改正民法においても妥当するものであり、次のとおり判示している。

「請負契約における仕事の目的物の瑕疵につき、請負人に対し修補を請求したがこれに応じないので、修補に代る損害の賠償を請求する場合においては、右修補請求の時を基準として損害の額を算定するのが相当である。」

②最一判昭和51年3月4日民集30巻2号48頁、判時849号77頁（注文者が民法637条所定の期間の経過した請負契約の目的物の瑕疵修補に代わる損害賠償請求権を自働債権とし請負人の報酬請求権を受働債権としてする相殺を認めた上、同法508条の類推適用があるとした事例）

この判例は、改正民法においても妥当するものであり、次のとおり判示している。また、このような相殺を認める判決は、実質的には注文者に報酬減額請求権を認めるのと同様な効果を認めるものであり、改正民法の改正につながったものということができる。

「おもうに、注文者が請負人に対して有する仕事の目的物の瑕疵の修補に代わる損害賠償請求権は、注文者が目的物の引渡を受けた時から１年内にこれを行使するを要することは、民法637条１項の規定するところであり、この期間がいわゆる除斥期間であることは所論の通りであるが、右期間経過前に請負人の注文者に対する請負代金請求権と右損害賠償請求権とが相殺適状に達していたときには、同法508条の類推適用により、右期間経過後であつても、注文者は、右損害賠償請求権を自働債権とし請負代金請求権を受働債権として相殺をなしうるものと解すべきである。けだし、請負契約における注文者の請負代金支払義務と請負人の仕事の目的物引渡義務とは対価的牽連関係に立つものであり、目的物に瑕疵がある場合における注文者の瑕疵修補に代わる損害賠償請求権は、実質的、経済的には、請負代金を減額し、請負契約の当事者が相互に負う義務につきその間に等価関係をもたらす機能をも有するものであるから、瑕疵ある目的物の引渡を受けた注文者が請負人に対し取得する右損害賠償請求権と請負人の注文者に対する請負代金請求権とが同法637条１項所定の期間経過前に相殺適状に達したときには、注文者において右請負代金請求権と右損害賠償請求権とが対当額で消滅したものと信じ、損害賠償請求権を行使しないまま右期間が経過したとしても、そのために注文者に不利益を与えることは酷であり、公平の見地からかかる注文者の信頼は保護されるべきものであつて、このことは右期間が時効期間であると除斥期間であるとによりその結論を異にすべき合理的理由はないからである。以上の解釈と異なる大審院判例（昭和３年㈴第644号同年12月12日判決・民集７巻12号1071頁、法律評論18巻（上）民法428頁）は、変更されるべきである。

本件において、原審が適法に確定したところによれば、被上告人真城小夜子の上告人に対する本件損害賠償請求権と上告人の同被上告人に対する本件請負代金請求権とは、同被上告人が本件請負契約の目的物の引渡を受けた時から民法637条１項所定の１年の期間が経過する前である昭和45年３月末日に相殺適状に達していたというのであるから、同被上告人が本件損害賠償請求権を自働債権とし本件請負代金請求権を受働債権としてした本件相殺の意思表示は、右期間経過後にされたものであつても、有効なものというべきである。本件相殺の意思表示を有効とした原審の判断は結論において正当であつて、原判決に所論の違法はなく、これと異なる見解のもとに原判決を非難する論旨は採用することができない。」

③最三判昭和52年２月22日民集31巻１号79頁、判時845号54頁、判タ347号171頁（注文者の責に帰すべき事由により仕事の完成が不能となった場合における請負人の報酬請求権と利得償還義務が問題になった事案について、請負契約において仕事が完成しない間に注文者の責に帰すべき事由によりその完成が不能となった場合には、請負人は、自己の残債務を免れるが、民法536条２項により、注文者に請負代金全額を請求することができ、ただ、自己の債務を免れたことにより得た利益を注文者に償還すべきであるとした事例）

この判例は、改正民法においても妥当するものであり、次のとおり判示している。

「１　住宅電気設備機器の設置販売等を業とする被上告人は、昭和45年５月12日訴外河本阪道（以下「河本」という。）から、上告人所有家屋の冷暖房工事を、代金430万円、工事完成時現金払の約旨で請け負い、上告人は被上告人に対し、河本が被上告人に負担すべき債務につき連帯保証した。

２　右冷暖房工事は、河本が同年五月初旬ころ上告人から請け負つたものであるが、河本は、従来規模の大きい工事を請け負つたときは、みずからこれを施行することなく、更に他と請負契約を締結して工事を完成させ、みずからは仲介料を得ていたところから、本件の場合も、これを被上告人に請け負わせたものである。

３　被上告人は、同年11月中旬ころ、右冷暖房工事のうちボイラーとチラーの据付工事を残すだけとなつたので、右残余工事に必要な器材を用意してこれを完成させようとしたところ、上告人が、ボイラーとチラーを据え付けることになつていた地下室の水漏れに対する防水工事を行う必要上、その完了後に右据付工事をするよう被上告人に要請し、その後、被上告人及び河本の再三にわたる請求にもかかわらず、上告人は右防水工事を行わずボイラーとチラーの据付工事を拒んでいるため、被上告人において本件冷暖房工事を完成させることができず、もはや工事の完成は不能と目される。

以上の事実関係のもとにおいては、被上告人の行うべき残余工事は、おそくとも被上告人が本訴を提起した昭和47年1月19日の時点では、社会取引通念上、履行不能に帰していたとする原審の認定判断は、正当として是認することができ、原判決に所論の違法はない。

そして、河本と被上告人との間の本件契約関係のもとにおいては、前記防水工事は、本来、河本がみずからこれを行うべきものであるところ、同人が上告人にこれを行わせることが容認されていたにすぎないものというべく、したがつて、上告人の不履行によつて被上告人の残余工事が履行不能となつた以上、右履行不能は河本の責に帰すべき事由によるものとして、同人がその責に任ずべきものと解するのが、相当である。

ところで、請負契約において、仕事が完成しない間に、注文者の責に帰すべき事由によりその完成が不能となつた場合には、請負人は、自己の残債務を免れるが、民法536条2項によつて、注文者に請負代金全額を請求することができ、ただ、自己の債務を免れたことによる利益を注文者に償還すべき義務を負うにすぎないものというべきである。これを本件についてみると、本件冷暖房設備工事は、工事未完成の間に、注文者である河本の責に帰すべき事由により被上告人においてこれを完成させることが不能となつたというべきこと既述のとおりであり、しかも、被上告人が債務を免れたことによる利益の償還につきなんらの主張立証がないのであるから、被上告人は河本に対して請負代金全額を請求しうるものであり、上告人は河本の右債務につき連帯保証責任を免れないものというべきである。したがつて、原判決が被上告人は河本に対し工事の出来高に応じた代金を請求しうるにすぎないとしたのは、民法536条2項の解釈を誤つた違法があるものといわなければならないところ、被上告人は、本訴請求のうち右工事の出来高をこえる自己の敗訴部分につき不服申立をしていないから、結局、右の違法は判決に影響を及ぼさないものというべきである。」

④最二判昭和52年2月28日金融・商事判例520号19頁（仕事の目的物の瑕

疵修補請求権と瑕疵修補に代わる損害賠償請求権との関係が問題になった事案について、民法634条1項所定の瑕疵修補請求権と同条2項所定の瑕疵修補に代わる損害賠償請求権とのいずれを行使するかは、注文者において自由に選択することができるのであって、注文者は瑕疵修補の請求をすることなく直ちに瑕疵修補に代わる損害賠償を請求することもできるとした事例)

この判例は、改正民法においては現行民法634条2項のような規定がなく、問題にはならないものであるが、当然の事理を明らかにしたものであり、参考とし紹介しておきたい。

「民法634条1項所定の瑕疵修補請求権と同条2項所定の瑕疵修補に代わる損害賠償請求権とのいずれを行使するかは、注文者において自由に選択することができるのであつて、注文者は、瑕疵修補の請求をすることなく直ちに瑕疵修補に代わる損害賠償を請求することもできるものと解するのが相当である。」

⑤最一判昭和53年9月21日判時907号54頁、判タ371号68頁（債権額の異なる請負人の注文者に対する報酬債権と注文者の請負人に対する目的物の瑕疵修補に代わる損害賠償債権とは同時履行の関係にあるが、相殺することができるとした事例)

この判例は、改正民法においても妥当するものであり、次のとおり判示している。また、このような相殺を認める判決は、実質的には注文者に報酬減額請求権を認めるのと同様な効果を認めるものであり、改正民法の改正につながったものということができる。

「請負契約における注文者の工事代金支払義務と請負人の目的物引渡義務とは対価的牽連関係に立つものであり、瑕疵ある目的物の引渡を受けた注文者が請負人に対し取得する瑕疵修補に代る損害賠償請求権は、右法律関係を前提とするもので、実質的・経済的には、請負代金を減額し、請負契約の当事者が相互に負う義務につきその間に等価関係をもたらす機能を有するのであつて（最高裁昭和50年(オ)第485号同51年3月4日第一小法廷判決・民集30巻2号48頁参照)、しかも、請負人の注文者に対する工事代金債権と注文者の請負人に対する瑕疵修補に代る損害賠償債権は、ともに同一の原因関係に基づく金銭債権である。以上のような実質関係に着目すると、右両債権は同時履行の関係にある（民法634

条２項）とはいえ、相互に現実の履行をさせなければならない特別の利益があるものとは認められず、両債権のあいだで相殺を認めても、相手方に対し抗弁権の喪失による不利益を与えることにはならないものと解される。むしろ、このような場合には、相殺により清算的調整を図ることが当事者双方の便宜と公平にかない、法律関係を簡明ならしめるゆえんでもある。この理は、相殺に供される自働債権と受働債権の金額に差異があることにより異なるものではない。したがつて、本件工事代金債権と瑕疵修補に代る損害賠償債権とは、その対当額による相殺を認めるのが相当であり、右と同旨の原判決は正当として是認することができる。」

⑥最一判昭和53年11月30日判時914号51頁（請負工事の目的物の瑕疵修補に代わる損害賠償債権と請負人の工事代金債権との相殺が許されないとした事例）

この判例は、改正民法においても妥当するものであり、次のとおり判示している。

「原審が適法に確定したところによると、⑴　被上告人の候補参加人株式会社森田組（現商号モリタ建設株式会社）（以下「森田組」という。）は、昭和44年５月24日上告人との間で原判示の店舗用貸ビル（以下「本件ビル」という。）の建築工事請負契約を締結した、⑵　森田組は約定の期日に工事を完了したとして上告人に対し本件ビルの引渡と引換えに請負代金の支払を求めたが、工事の瑕疵をめぐり両者間に紛争を生じた、⑶　弁護士である被上告人が上告人の代理人として森田組と折衝を重ねた結果、昭和45年10月７日上告人と森田組との間に右紛争解決の和解契約が成立し、原判示の覚書が作成された、⑷　右覚書においては、工事代金額を8950万円と確定し、上告人が内金としてすでに支払つた3000万円を控除した残額のうち5500万円は上告人において遅滞なくこれを森田組に支払い、残金450万円は森田組が同覚書二条で定めた内容の修補義務等を所定の期日までに履行したときに支払い、これに対し右450万円の支払方法として上告人は予め上告人振出の小切手をもつて450万円を被上告人に預託し（上告人は右預託を解除することができない。）、森田組による前記補修義務等の履行の有無の認定と右残金の支払を被上告人に委ね、被上告人が右履行の事実を確認したときには上告人の承諾の有無にかかわらず被上告人から森田組に右預託金を交付することによつて支払を完了するものとし、森田組と上告人とは、以上のほか本件ビル建設工事に関し相互に一切の請求権を放棄するものとするが、森田組は民法638条所定の瑕疵担保責任を負担するものと定められた、(5) 上告人は同日被上告人に対し上告人の振り出した額面450万円の小切手一通を交付したが、被上告人は紛争等を懸念し同小切手を上告人に渡して保管を依頼したところ、上告人はその後被上告人による右小切手の返還請求ないし450万円の預託請求のいずれにも応じないまま現在に至つている、(6) 森田組は、前記覚書二条所定の補修等の義務を約定どおり履行したものとして被上告人に対し昭和45年末ごろから同48年初めころまで断続的に本件預託金の支払を求めた、(7) 上告人は、森田組から本件ビルの引渡を受け、これを使用して営業している、というのである。

……

また、所論相殺の点も、前記のとおり紛争の発端である工事の瑕疵に関し前記覚書二条で森田組がなすべき修補工事の内容を特定したうえ、右修補等の義務履行の有無をめぐり紛争が再発することを防止するため、上告人において予め被上告人に残代金450万円を預託し、森田組が右修補等の義務履行をしたかどうかの確認を被上告人に委ね、被上告人がその判断によつて右預託金を森田組に支払うことを承認するとともに同覚書所定の諸事項の履行により本件ビル建築工事に関し森田組と上告人はそれぞれ相互に一切の請求権を放棄する旨を約したのであるから、上告人は、右覚書による和解契約の結果、工事の瑕疵については同覚書二条に定める修補を要求することができるだけで、その他の瑕疵の存在を問題とすることはできなくなるとともに、右覚書二条所定の修補義務の履行の有無についても、その認定権限を確定的に被上告人に与えたのであるから、自己独自の判断に基づいて森田組の右修補義務不履行を主張してその責任を問うことはできないものといわなければならない。もつとも、右覚書には森田組が民法638条所定の瑕疵担保責任を負担するものと定められているが、これは、同覚書における他の諸条項の前記趣旨に照らし、本件ビル引渡後右法条所定の担保期間内にあらたに発見された瑕疵について森田組がなお担保責任を負うことを約したものと解するのが相当であつて、このことは上記結論を左右するものではない。そうすると、被上告人において森田組による前記修補義務等の不履行の事実を認めていない本件では、上告人は森田組に対し工事の瑕疵を理由として損害賠償を請求することはできず、したがつて、かかる請求権の存在を前提とする所論相殺の抗弁も排斥を免れないのである。右相殺の抗弁を排斥した原判決は、結論において相当というべく、この点に関する論旨は理由がない。」

⑦最二判昭和54年２月２日判時924号54頁、判タ396号77頁（請負契約の目的物の瑕疵修補に代わる損害賠償請求をした場合において、請求時を基準として損害額を算定すべきであるとした事例）

この判例は、改正民法においても妥当するものであり、次のとおり判示している。

「請負契約における仕事の目的物の瑕疵につき、注文者が請負人に対し、あらかじめ修補の請求をすることなく直ちに修補に代わる損害賠償の請求をした場合には、右請求の時を基準として損害賠償額を算定すべきものであると解するのが相当である。したがつて、注文者が瑕疵修補に代わる損害賠償を請求したのち年月を経過し、物価の高騰等により請求の時における修補費用より多額の費用を要することとなつたとしても、注文者は請負人に対し右増加後の修補費用を損害として右費用相当額の賠償の請求をすることは許されないものである。」

⑧最三判昭和54年３月20日判時927号184頁、判タ394号60頁（仕事の目的物に瑕疵がある場合において、注文者は、瑕疵の修補が可能であっても直ちに修補に代わる損害賠償を請求することができるとした事例）

この判例は、改正民法においても妥当するものであり、次のとおり判示している。

「仕事の目的物に瑕疵がある場合には、注文者は、瑕疵の修補が可能なときであつても、修補を請求することなく直ちに修補に代わる損害の賠償を請求することができるものと解すべく、これと同旨の見解を前提とする原判決に所論の違法はない。」

⑨最三判昭和54年３月20日判時927号186頁、判タ394号61頁（民法634条２項の損害賠償債権は、注文者が注文に係る目的物の引渡しを受けた時に発生する期限の定めのない債権であるとした事例）

この判例は、改正民法においても妥当するものであり、次のとおり判示している。

「しかしながら、相殺の意思表示は双方の債務が互いに相殺をするに適するにいたつた時点に遡つて効力を生ずるものである（民法506条２項）から、その計算をするにあたつては、双方の債務につき弁済期が到来し、相殺適状となつた時期を基準として双方の債権額を定め、その対当額において差引計算をすべきものである。本件についてこれをみるのに、自働債権である上告人の被上告人に対する債権は、民法634条２項所定の損害賠償債権であるから、上告人において注文にかかる建物の引渡を受けた時（原審の確定するところによれば、昭和48年12月25日である。）に発生したもので、しかも期限の定めのない債権としてその発生の時から弁済期にあるものと解すべく、他方、受働債権である被上告人の上告人に対する損害賠償債権は本件請負契約につき解除の効力を生じた昭和50年３月12日に発生したもので、この債権もまた期限の定めがないものとしてその発生と同時に弁済期が到来したものと解すべきである。そうすると、右両債権は昭和50年３月12日をもつて相殺適状となつたものであるから、上告人が昭和51年11月８日にした相殺の意思表示により、昭和50年３月12日に遡つて相殺の効力を生じたものというべきである。そして、右相殺により、被上告人主張の損害賠償債権210万4930円のうち57万1000円が消滅し、結局、上告人は、被上告人に対し、残額153万3930円及びこれに対する昭和50年３月13日以降支払ずみにいたるまで商事法定利率年六分の割合による遅延損害金の支払義務を負担するにいたつたものといわなければならない。」

⑩最三判昭和56年２月17日判時996号61頁、判タ438号91頁（建物等の工事未完成の間に注文者が請負人の債務不履行を理由に請負契約を解除する場合において、工事内容が可分であり、かつ当事者が既施行部分の給付について利益を有するときは、特段の事情がない限り、同部分について契約を解除することは許されないとした事例）

この判例は、改正民法においても妥当するものであり、次のとおり判示している。

「原審が確定したところによれば、(1) 訴外株式会社中谷工務店（以下「中谷工務店」という。）は、昭和46年６月９日被上告人から西舞子建売住宅の新築工事を請け負つた（以下「本件建築請負契約」という。)、⑵　上告人は、中谷工務店に対し48万7000円の約束手形金債権を有していたところ、これを保全するため、昭和46年７月31日中谷工務店が被上告人に対して有していた本件建築請負契約に基づく工事代金債権のうち48万7000円につき債権仮差押決定をえ、右決定は同年８月２日第三債務者である被上告人に送達された、⑶　当時、被上告人は中谷工務店に対し少なくとも48万7000円の工事代金債務を負つていた、⑷　次いで、上告人は、中谷工務店に対する右約束手形金の請求を認容した確定判決に基づき、右仮差押中の債権についての債権差押及び取立命令をえ、右命令は同年10月30日、被上告人に送達された、⑸　ところが、中谷工務店は、これより先の昭和46年８月下旬ごろには建築現場に来なくなり、同年９月10日までには全工事を完成することを約しながらこれを履行せず、経営困難により工事を完成することができないことが明らかとなつたため、被上告人は、右同日、中谷工務店に対し口頭で本件建築請負契約を解除する旨の意思表示をした、というのである。

原審は、右事実関係に基づき、本件建築請負契約が中谷工務店の債務不履行を理由に解除されたことにより、中谷工務店の被上告人に対する工事代金債権も消滅したとして、上告人の差押にかかる前記48万7000円の工事代金債権についての本件取立請求を排斥した。

しかしながら、建物その他土地の工作物の工事請負契約につき、工事全体が未完成の間に注文者が請負人の債務不履行を理由に右契約を解除する場合において、工事内容が可分であり、しかも当事者が既施工部分の給付に関し利益を有するときは、特段の事情のない限り、既施行部分については契約を解除することができず、ただ未施工部分について契約を一部解除をすることができるにすぎないものと解するのが相当であるところ（大審院昭和６年㈷第1778号同７年４月30日判決・民集11巻８号780頁参照)、原判決及び記録によれば、被上告人は、本件建築請負契約の解除時である昭和46年９月10日現在の中谷工務店による工事出来高が工事全体の49.4パーセント、金額にして691万0590円と主張しているばかりでなく、右既施工部分を引取つて工事を続行し、これを完成させたとの事情も窺えるのであるから、かりにそのとおりであるとすれば、本件建築工事は、その内容において可分であり、被上告人は、既施工部分の給付について利益を有していたというべきである。原判決が、これらの点について何ら審理判断することなく、被上告人がした前記解除の意思表示によつて本件建築請負契約の全部が解除されたとの前提のもとに、既存の48万7000円の工事代金債権もこれに伴つて消滅したと判示したのは、契約解除に関する法令の解釈適用を誤つたものであり、その誤りは判決に影響を及ぼすことが明らかであるから、論旨は理由があり、原判決は破棄を免れない。」

⑪最二判昭和60年５月17日判時1168号58頁、判タ569号48頁（請負において、仕事が完成に至らないまま契約関係が終了した場合に、請負人が施工ずみの部分に相当する報酬に限ってその支払を請求することができるときには、注文者は、契約関係の終了が請負人の責に帰すべき事由によるものであり、請負人において債務不履行責任を負う場合であっても、注文者が残工事の施工に要した費用については、請負代金中未施工部分の報酬に相当する金額を超えるときに限り、その超過額の賠償を請求することができるにすぎないとした事例）

この判例は、改正民法においても妥当するものであり、次のとおり判示している。

「請負において、仕事が完成に至らないまま契約関係が終了した場合に、請負人が施工ずみの部分に相当する報酬に限つてその支払を請求することができるときには、注文者は、右契約関係の終了が請負人の責に帰すべき事由によるものであり、請負人において債務不履行責任を負う場合であつても、注文者が残工事の施工に要した費用については、請負代金中未施工部分の報酬に相当する金額を超えるときに限り、その超過額の賠償を請求することができるにすぎないものというべきである。

これを本件についてみると、本件請負契約は、上告人が工事の約85パーセントを施工したがこれを完成しないまま契約関係が終了し、上告人は約定の請負代金の85パーセントに相当する金額を請求することができるにとどまるのであるから、被上告人は、未施工部分の完成に要した費用131万4900円全額を債務不履行に基づく損害賠償として請求することができず、その損害賠償としては右金額から当初の請負代金である811万2200円と工事出来高に相当する689万5370円との差額121万6830円を差し引いた９万8070円を請求しうるにとどまり、したがつて、被上告人は、反訴請求として、上告人に対し、右９万8070円と工事遅延による損害24万5000円との合計34万3070円及びこれに対する遅延損害金の賠償を請求することができるにすぎないのである。しかるに、第一審判決は、未施工部分の完成に要した費用として右９万8070円を上回る11万4900円に前記の工事遅延による損害額を加えた合計35万9900円及びこれに対する遅延損害金を認容している。しかし、この点は、上告人から控訴も附帯控訴もないため被上告人に不利益に変更することが許されない。」

⑫最三判平成９年２月14日民集51巻２号337頁、判時1598号65頁、判タ936号196頁（請負契約の目的物に瑕疵がある場合には、注文者は、瑕疵の程度や各契約当事者の交渉態度等にかんがみ信義則に反すると認められるときを除き、請負人から瑕疵の修補に代わる損害の賠償を受けるまでは、報酬全額の支払を拒むことができ、これについて履行遅滞の責任も負わないとした事例）

この判例は、改正民法においても妥当するものであり、次のとおり判示している。

「三　請負契約において、仕事の目的物に瑕疵があり、注文者が請負人に対して瑕疵の修補に代わる損害の賠償を求めたが、契約当事者のいずれからも右損害賠償債権と報酬債権とを相殺する旨の意思表示が行われなかった場合又はその意思表示の効果が生じないとされた場合には、民法634条２項により右両債権は同時履行の関係に立ち、契約当事者の一方は、相手方から債務の履行を受けるまでは、自己の債務の履行を拒むことができ、履行遅滞による責任も負わないものと解するのが相当である。しかしながら、瑕疵の程度や各契約当事者の交渉態度等に鑑み、右瑕疵の修補に代わる損害賠償債権をもって報酬残債権全額の支払を拒むことが信義則に反すると認められるときは、この限りではない。そして、同条１項但書は「瑕疵カ重要ナラサル場合ニ於テ其修補カ過分ノ費用ヲ要スルトキ」は瑕疵の修補請求はできず損害賠償請求のみをなし得ると規定しているところ、右のように瑕疵の内容が契約の目的や仕事の目的物の性質等に照らして重要でなく、かつ、その修補に要する費用が修補によって生ずる利益と比較して過分であると認められる場合においても、必ずしも前記同時履行の抗弁が肯定されるとは限らず、他の事情をも併せ考慮して、瑕疵の修補に代わる損害賠償債権をもって報酬残債権全額との同時履行を主張することが信義則に反するとして否定されることもあり得るものというべきである。けだし、右のように解さなければ、注文者が同条一項に基づいて瑕疵の修補の請求を行った場合と均衡を失し、瑕疵ある目的物しか得られなかった注文者の保護に欠ける一方、瑕疵が軽微な場合においても報酬残債権全額について支払が受けられないとすると請負人に不公平な結果となるからである（なお、契約が幾つかの目的の異なる仕事を含み、瑕疵がそのうちの一部の仕事の目的物についてのみ存在する場合には、信義則上、同時履行関係は、瑕疵の存在する仕事部分に相当する報酬額についてのみ認められ、その瑕疵の内容の重要性等につき、当該仕事部分に関して、同様の検討が必要となる）。

四　これを本件についてみるのに、原審の適法に確定した事実関係によれば、本件の請負契約は、住居の新築を契約の目的とするものであるところ、右工事の10箇所に及ぶ瑕疵には、(1)　二階和室の床の中央部分が盛り上がって水平になっておらず、障子やアルミサッシ戸の開閉が困難になっていること、(2)　納屋の床にはコンクリートを張ることとされていたところ、上告人は、被上告人に無断で、右床についてコンクリートよりも強度の乏しいモルタルを用いて施工し、しかも、その塗りの厚さが不足しているため亀裂が生じていること、(3)　設置予定とされていた差掛け小屋が設置されていないこと等が含まれ、その修補に要する費用は、(1)が35万8000円、(2)が30万8000円、(3)が18万2000円であるというのであり、また、被上告人は、昭和62年11月30日までに建物の引渡しを受けた後、右のような瑕疵の処理について上告人と協議を重ね、上告人から翌63年１月25日ころ右瑕疵については工事代金を減額することによって処理したいとの申出を受けた後は、瑕疵の修補に要する費用を工事残代金の約１割とみて1000万円を支払って解決することを提案し、右金額を代理人である弁護士に預けて上告人との交渉に当たらせたが、上告人は、被上告人の右提案を拒否する旨回答したのみで、他に工事残代金から差し引くべき額について具体的な対案を提示せず、結局、右交渉は決裂してしまったというのである。そして、記録によれば、上告人はその後間もない同年４月15日に、本件の訴えを提起している。

そうすると、本件の請負契約の目的及び目的物の性質等に照らし、本件の瑕疵の内容は重要でないとまではいえず、また、その修補に過分の費用を要するともいえない上、上告人及び被上告人の前記のような交渉経緯及び交渉態度をも勘案すれば、被上告人が瑕疵の修補に代わる損害賠償債権をもって工事残代金債権全額との同時履行を主張することが信義則に反するものとは言い難い。

原判決は、被上告人に対し、工事残代金を損害賠償債権のうち82万4000円と引換えに支払うよう命ずるに当たり、その理由として、単に右損害賠償債権の合計額を工事残代金債権額と比較してこれが軽微な金額とはいえないなどとしたかのような措辞を用いている部分もあるが、その趣旨は右に説示したところと同旨と理解することができ、被上告人の同時履行の抗弁を認めた原審の判断は、これを是認することができる。」

⑬最一判平成９年７月15日民集51巻６号2581頁、判時1616号65頁、判タ952号188頁（請負人の報酬債権に対し注文者がこれと同時履行の関係にある瑕疵修補に代わる損害賠償債権を自働債権とする相殺の意思表示をした場合、注文者は、相殺後の報酬残債務について、相殺の意思表示をした日の翌日から履行遅滞による責任を負うとした事例）

この判例は、改正民法においても妥当するものであり、次のとおり判示している。

「請負人の報酬債権に対し注文者がこれと同時履行の関係にある目的物の瑕疵修補に代わる損害賠償債権を自働債権とする相殺の意思表示をした場合、注文者は、請負人に対する相殺後の報酬残債務について、相殺の意思表示をした日の翌日から履行遅滞による責任を負うものと解するのが相当である。

ただし、瑕疵修補に代わる損害賠償債権と報酬債権とは、民法634条２項により同時履行の関係に立つから、注文者は、請負人から瑕疵修補に代わる損害賠償債務の履行又はその提供を受けるまで、自己の報酬債務の全額について履行遅滞による責任を負わないと解されるところ（最高裁平成５年㈹第1924号同９年２月14日第三小法廷判決・民集51巻２号登載予定）、注文者が瑕疵修補に代わる損害賠償債権を自働債権として請負人に対する報酬債務と相殺する旨の意思表示をしたことにより、注文者の損害賠償債権が相殺適状時にさかのぼって消滅したとしても、相殺の意思表示をするまで注文者がこれと同時履行の関係にある報酬債務の全額について履行遅滞による責任を負わなかったという効果に影響はないと解すべきだからである。もっとも、瑕疵の程度や各契約当事者の交渉態度等にかんがみ、右瑕疵の修補に代わる損害賠償債権をもって報酬債権全額との同時履行を主張することが信義則に反するとして否定されることもあり得ることは、前掲第三小法廷判決の説示するところである。

四　これを本件についてみるのに、上告人は、被上告人の報酬残債権請求に対して前記一３及び５の損害賠償債権を自働債権とする相殺の抗弁を主張するとともに、報酬残債務の全額が瑕疵修補に代わる損害賠償債権と同時履行の関係にあるから履行遅滞による責任を負わない旨を主張するものであるところ、右同時履行の主張が信義則に反すると認めるべき特段の事情のうかがわれない本件においては、上告人が平成３年３月４日に相殺の意思表示をするまでは上告人主張の右同時履行の関係があったものというべきであり、上告人は、右相殺後の報酬残債務について、右相殺の意思表示をした日の翌日である同月５日から履行遅滞による責任を負うものというべきである。右と異なる原審の判断には、法令の解釈適用を誤った違法があり、右違法は判決に影響を及ぼすことが明らかであるから、論旨は理由があり、原判決は破棄を免れない。そして、前記事実関係の下においては、本訴請求は、右相殺後の報酬残債権694万4420円及びこれに対する平成３年３月５日から支払済みまで約定の一日につき1000分の１の割合による遅延損害金の支払を求める限度で理由があり、その余は理由がないから、原判決を主文第一項のとおり変更すべきである。」

⑭最三判平成14年９月24日判時1801号77頁、判タ1106号85頁（建築請負の仕事の目的物である建物に重大な瑕疵があるために建て替えざるを得ない場合には、注文者は、請負人に対し、建物の建替えに要する費用相当額の損害賠償を請求することができるとした事例）

この判例は、改正民法においても妥当するものであり、次のとおり判示している。

「１　本件は、建物の建築工事を注文した被上告人が、これを請け負った上告人に対し、建築された建物には重大な瑕疵があって建て替えるほかはないとして、請負人の瑕疵担保責任等に基づき、損害賠償を請求する事案である。建て替えに要する費用相当額の損害賠償を請求することが、民法635条ただし書の規定の趣旨に反して許されないかどうかが争われている。

２　原審が適法に確定した事実関係の概要は次のとおりである。

被上告人から注文を受けて上告人が建築した本件建物は、その全体にわたって極めて多数の欠陥箇所がある上、主要な構造部分について本件建物の安全性及び耐久性に重大な影響を及ぼす欠陥が存するものであった。すなわち、基礎自体ぜい弱であり、基礎と土台等の接合の仕方も稚拙かつ粗雑極まりない上、不良な材料が多数使用されていることもあいまって、建物全体の強度や安全性に著しく欠け、地震や台風などの振動や衝撃を契機として倒壊しかねない危険性を有するものとなっている。このため、本件建物については、個々の継ぎはぎ的な補修によっては根本的な欠陥を除去することはできず、これを除去するためには、土台を取り除いて基礎を解体し、木構造についても全体をやり直す必要があるのであって、結局、技術的、経済的にみても、本件建物を建て替えるほかはない。

３　請負契約の目的物が建物その他土地の工作物である場合に、目的物の瑕疵により契約の目的を達成することができないからといって契約の解除を認めるときは、何らかの利用価値があっても請負人は土地からその工作物を除去しなければならず、請負人にとって過酷で、かつ、社会経済的な損失も大きいことから、民法635条は、そのただし書において、建物その他土地の工作物を目的とする請負契約については目的物の瑕疵によって契約を解除することができないとした。しかし、請負人が建築した建物に重大な瑕疵があって建て替えるほかはない場合に、当該建物を収去することは社会経済的に大きな損失をもたらすものではなく、また、そのような建物を建て替えてこれに要する費用を請負人に負担させることは、契約の履行責任に応じた損害賠償責任を負担させるものであって、請負人にとって過酷であるともいえないのであるから、建て替えに要する費用相当額の損害賠償請求をすることを認めても、同条ただし書の規定の趣旨に反するものとはいえない。したがって、建築請負の仕事の目的物である建物に重大な瑕疵があるためにこれを建て替えざるを得ない場合には、注文者は、請負人に対し、建物の建て替えに要する費用相当額を損害としてその賠償を請求することができるというべきである。」

⑮最二判平成15年10月10日判時1840号18頁、判タ1138号74頁（請負契約における約定に反する太さの鉄骨が使用された建物建築工事に瑕疵があるとした事例）

この判例は、改正民法においても妥当するものであり、次のとおり判示している。この判例は、仕事の目的物である建物の瑕疵を肯定したものであるが、そ判断の理由、論理は、請負契約の内容を重視したものであり、契約不適合を基準とした場合でも、不適合と判断されるものであり、改正民法の要件と現行民法の要件のそれぞれの判断が実質的にはさほど異ならないことを示すものである。

「1　本件は、上告人から建物の新築工事を請け負った被上告人が、上告人に対し、請負残代金の支払を求めたのに対し、上告人が、建築された建物の南棟の主柱に係る工事に瑕疵があること等を主張し、瑕疵の修補に代わる損害賠償債権等を自働債権とし、上記請負残代金債権を受働債権として対当額で相殺する旨の意思表示をしたなどと主張して、被上告人の上記請負残代金の請求を争う事案である。

2　上告人の上告受理申立て理由第1点及び第2点のうち南棟の主柱に係る工事の瑕疵に関する点について

(1)　原審の確定した事実関係は、次のとおりである。

上告人は、平成7年11月、建築等を業とする被上告人に対し、神戸市灘区内において、学生、特に神戸大学の学生向けのマンションを新築する工事（以下「本件工事」という。）を請け負わせた（以下、この請負契約を「本件請負契約」といい、建築された建物を「本件建物」という。）。

上告人は、建築予定の本件建物が多数の者が居住する建物であり、特に、本件請負契約締結の時期が、同年1月17日に発生した阪神・淡路大震災により、神戸大学の学生がその下宿で倒壊した建物の下敷きになるなどして多数死亡した直後であっただけに、本件建物の安全性の確保に神経質となっており、本件請負契約を締結するに際し、被上告人に対し、重量負荷を考慮して、特に南棟の主柱については、耐震性を高めるため、当初の設計内容を変更し、その断面の寸法300mm×300mmの、より太い鉄骨を使用することを求め、被上告人は、これを承諾した。

ところが、被上告人は、上記の約定に反し、上告人の了解を得ないで、構造計算上安全であることを理由に、同250mm×250mmの鉄骨を南棟の主柱に使用し、施工をした。

本件工事は、平成８年３月上旬、外構工事等を残して完成し、本件建物は、同月26日、上告人に引き渡された。

⑵　原審は、上記事実関係の下において、被上告人には、南棟の主柱に約定のものと異なり、断面の寸法250mm×250mmの鉄骨を使用したという契約の違反があるが、使用された鉄骨であっても、構造計算上、居住用建物としての本件建物の安全性に問題はないから、南棟の主柱に係る本件工事に瑕疵があるということはできないとした。

⑶　しかしながら、原審の上記判断は是認することができない。その理由は、次のとおりである。

前記事実関係によれば、本件請負契約においては、上告人及び被上告人間で、本件建物の耐震性を高め、耐震性の面でより安全性の高い建物にするため、南棟の主柱につき断面の寸法300mm×300mmの鉄骨を使用することが、特に約定され、これが契約の重要な内容になっていたものというべきである。そうすると、この約定に違反して、同250mm×250mmの鉄骨を使用して施工された南棟の主柱の工事には、瑕疵があるものというべきである。これと異なる原審の判断には、判決に影響を及ぼすことが明らかな法令の違反がある。

３　上告人の上告受理申立て理由第４点について

⑴　記録によれば、上告人は、被上告人に対し、平成11年７月５日の第一審第３回弁論準備手続期日において、本件建物の瑕疵の修補に代わる損害賠償債権2404万2940円を有すると主張して（なお、上告人は、原審において、その主張額を増額している。）、この債権及び慰謝料債権を自働債権とし、被上告人請求の請負残代金債権を受働債権として、対当額で相殺する旨の意思表示をした。

⑵　原審は、上記相殺の結果として、上告人に対し、上告人の請負残代金債務1893万2900円（ただし、ローテーションキー２個との引換

給付が命じられた１万7510円を除いた金額である。）から瑕疵の修補に代わる損害の賠償額1112万7240円及び慰謝料額100万円の合計1212万7240円を控除した残額680万5660円及びこれに対する被上告人が上告人に送付した催告状による支払期限の翌日である平成８年７月24日から支払済みまで商事法定利率年６分の割合による遅延損害金の支払を命じた。

(3) しかしながら、原審の遅延損害金の起算点に係る上記判断は是認することができない。その理由は、次のとおりである。

請負人の報酬債権に対し、注文者がこれと同時履行の関係にある目的物の瑕疵の修補に代わる損害賠償債権を自働債権とする相殺の意思表示をした場合、注文者は、請負人に対する相殺後の報酬残債務について、相殺の意思表示をした日の翌日から履行遅滞による責任を負うものと解すべきである（最高裁平成５年(オ)第2187号、同９年(オ)第749号同年７月15日第三小法廷判決・民集51巻６号2581頁）。

そうすると、本件において、上告人は上記相殺の意思表示をした日の翌日である平成11年７月６日から請負残代金について履行遅滞による責任を負うものというべきである。これと異なる原審の判断には、判決に影響を及ぼすことが明らかな法令の違反がある。」

【参考裁判例】

現行民法の時代には、請負契約をめぐる紛争で、訴訟に至り、判決が法律雑誌等に公表されたものの中では、仕事の目的物（多くは建物）の瑕疵が問題になったものが圧倒的に多い。これらの裁判例は、瑕疵の有無・程度を判断したものであり、直ちに契約不適合の有無・程度を判断したものとはいえないが、改正民法において相当に参考になるものである。

[41] 大阪高判平成元年２月17日判時1323号83頁

パン、ケーキ類の製造、販売を業とする X_1 株式会社は、昭和49年12月、建設業を営む Y_1 株式会社との間で、代金2296万円余で建物の建築工事の請負契約を締結し、X_1 の代表者 X_2、その妻 X_3 は、Y_1 との間で、昭和50年６月頃、代金2765万円余で建物の建築工事の請負契約を締結し、Y_1 が設計監理を業とする Y_2 株式会社（代表者は、一級建築士である Y_3）と下請契約を締結し、Y_2 が建物の設計、監理を行い、建物の建築を完了し、X_1 らに引き渡したところ、X_1らは、本件各建物には構造上の欠陥（鉄骨軸組架構体のゆがみ、鉄骨構造体の部材溶接の不良、基礎構造の不良）があり、不等沈下によって建物が傾斜した等と主張し、Y_1、Y_2、Y_3に対して債務不履行、担保責任、不法行為等に基づき損害賠償を請求した（その後、Y_1が破産宣告を受け、請求が破産債権確定訴訟に変更された）。

本件では、建物の瑕疵の有無・程度、担保責任と不完全履行責任との関係、損害額等が争点になった。

第一審判決（大阪地判昭和62年２月18日判時1323号68頁）は、建物の構造上の欠陥、耐火・防火上の欠陥を認め、これが設計、工事監理、施工上の瑕疵であり、建物の傾斜も誤った設計に基づき基礎構造の瑕疵に起因するとし、請負人の不完全履行は担保責任の規定により排斥されるとし、Y_1の担保責任を肯定し（慰謝料、弁護士費用等の損害を認めた）、Y_2、Y_3の責任については、建築確認のため便宜上名義を貸したにすぎず、Y_1から工事監理を引き受けたものではないものの、Y_3が作成した設計図書は実際の工事施工のためのものであり、敷地の地盤調査を怠り、誤った地耐力を設定し、不等沈下を生じさせた不法行為を認め、請求を認容したため、Y_2、Y_3が控訴し、X_1らが附帯控訴した。

本判決は、基本的に第一審判決を引用する等し、X_1の慰謝料の主張を排斥し、原判決を変更し、X_1らの請求を認容した。

[42] 東京地判平成２年２月９日判時1365号71頁

Ｙ株式会社は、昭和45年４月、Ｘ株式会社から鉄骨造平屋建て、一部鉄筋コンクリート造２階建ての建物（ボーリング場）の建築工事を代金１億4300万円で請け負い、付随的にボーリング機械一式を売り渡し、設置する契約を締結した後、同年10月、完成し、引き渡したところ、雨漏り、亀裂等が発生したことから、Ｘは、昭和51年12月、本件建物を取り壊したため、ＸがＹに対して担保責任に基づき３億8000万円余の損害賠償を請求した。

本件では、瑕疵の有無・程度、損害等が争点になった。

本判決は、建物に損傷が生じたとしても、瑕疵の存在が法律上推定されると解すべきではなく、瑕疵を具体的に主張、立証すべきであるとした上、本件建物の不同沈下の事実は認められず、本件建物の基礎杭が建物を支えるに足りる支持力を欠いていたとはいえない等とし、瑕疵の存在を認めず、請求を棄却した。

[43] 東京地判平成２年２月27日判時1365号79頁

Y_1は、マンションの建築を企画し、Y_2株式会社に設計・監理を委託し、Y_3

株式会社に建築工事を請け負わせ、Y_4株式会社に分譲販売を委託し、本件マンションを販売したところ、本件マンションの敷地は、建築確認上、他の建物の敷地として利用されている土地が一部含まれ、本件マンションの敷地として利用することができなくなり、建築基準法上の建ぺい率違反となるものであったことから（Y_1は、行政当局から建ぺい率違反を指摘された後にも、買主らに告知せず、販売を継続し、登記手続を行った）、買主Xら（合計69名）がY_1ないしY_4に対して不法行為に基づき損害賠償を請求した。

本件では、建築基準法上の建ぺい率違反の建物の建築、販売等の不法行為の成否等が争点になった。

本判決は、建ぺい率違反のマンションであることを認め（敷地として確保するため、敷地要件を満たす使用借件相当額である更地価格の約２割が損害であるとした）、Y_1、Y_2の不法行為を肯定し、Y_3、Y_4については、敷地として利用できない土地があったことの故意、過失がないとし、Y_1、Y_2に対する請求を認容し、Y_3、Y_4に対する請求を棄却した。

[44] 千葉地判平成３年３月22日判時1412号113頁

X_1、X_2は、住宅の建築業を営むＹ株式会社のモデルルームを見学し、住宅の新築を依頼しようとし、昭和62年５月、X_1とＹは、代金1405万円で建物の建築請負契約を締結し、Ｙが建築工事に着手し、上棟式を経て外壁も備わったものの、建物全体に手抜き、施工ミスがあったことから、X_1が契約を解除し、X_1らが土地上の構築物の収去、土地の明渡し、既払いの請負代金の返還、慰謝料の支払を請求した。

本件では、瑕疵の有無・程度、安全かつ快適な通常の住宅の建築の可否、解除の当否、慰謝料請求の当否が争点になった。

本判決は、上棟式の頃までに柱材が設計と異なり、壁の施工方法が設計と異なり、基礎工事の手抜き、粗悪な材料の使用、設計のミス等があり、工事を続行しても安全かつ快適な住宅の建築は不可能であると認め、Ｙの債務不履行による解除の効力を認め、慰謝料を各自50万円認め、請求を認容した。

[45] 東京地判平成３年６月14日判時1413号78頁

Ｘは、昭和61年10月、Y_1有限会社（代表者はY_2）との間で、自宅である建物の建築につき代金1600万円で請負契約を締結し、Y_1は、建物を建築し、昭和62年３月、建物をＸに引き渡したところ、Ｘは、車庫が自動車の出入庫できない等の瑕疵を指摘し、修補を請求する等したものの、Y_1が応じなかったことから、ＸがY_1に対して担保責任、債務不履行責任、不法行為責任に基づき、Y_2に対して保証契約に基づき損害賠償を請求したのに対し、Y_1が反訴としてXに対して残代金の支払を請求した。

本件では、完成の成否、瑕疵の有無・内容、注文者の指図の有無、損害額、保証契約の成否、徐斥期間の経過等が争点になった。

本判決は、当初予定された最終の工程まで一応終了し、建物が社会通念上建物として完成されたとし、完成を認め、敷地面積や前面道路との関係で車庫を建築することに相当の無理があったのに、Y_1が車庫の建築を保証し、実現できなかった瑕疵があるとし、Xの希望は指図とはいえないとし、建替えを前提とする諸費用の損害を否定し、建物の価値の減少に関する立証をしないとしたものの、慰謝料として90万円の損害を認め、Y_1の瑕疵担保責任又は不法行為責任を認め、Y_2の保証契約を認め、さらに建物の引渡後１年以内に修補請求がされている等とし（有効に行使された瑕疵修補請求権は、その後、消滅時効が完成するまで存続するとした）、Xの本訴請求を認容し、Y_1の反訴請求を認容した。

[46] 東京高判平成３年10月21日判時1412号109頁

前記の［44］千葉地判平成３年３月22日判時1412号113頁の控訴審判決であり、Yが控訴した。

本件では、瑕疵の有無・程度、安全かつ快適な通常の住宅の建築の可否、解除の当否、慰謝料請求の当否が争点になった。

本判決は、民法635条但書との関係について、仕事の目的物である建物等が社会経済的な見地から判断して契約の目的に従った建物等として未完成である場合にまで、注文者が債務不履行の一般原則によって契約を解除することを禁じたものではないとした上、本件では重大な瑕疵があるとし、解除の効力を認める等し、控訴を棄却した。

[47] 東京地判平成３年12月25日判時1434号90頁

X_1、X_2は、ペンションの経営を計画し、昭和59年８月、建築業者であるY_1株式会社（代表者はY_2）を請負人とし、Y_2を監理技師とし、ペンション兼住宅の建築につき代金2972万円で請負契約を締結し、Y_1が建物を建築して完成し、昭和60年５月、X_1らに建物を引き渡し、ペンションを営業したところ、梅雨期を迎え、１階の床面、壁に雨水が浸入し、畳等が腐食する等したことから、同年７月以降、瑕疵の修補を請求したものの、Y_1が工事をしなかったため、X_1らがY_1らに対して担保責任、不法行為責任に基づき損害賠償を請求した。

本件では、瑕疵の有無・箇所・程度、損害が争点になった。

本判決は、１階床、壁面への浸水は土間コンクリートの布基礎とその上に乗せられた木材との間に水切り処理がされず、土間コンクリートの上に直接畳等が置かれたため、毛細管現象が生じたことによる等とし、重大な工事瑕疵を認め、雨漏りによる瑕疵も認め、瑕疵担保責任、不法行為責任を肯定し、瑕疵の補修工事費用、引越費用等の損害、慰謝料（300万円）を認め、請求を認容した。

[48] 京都地判平成４年12月４日判時1476号142頁

Ｘは、賃貸マンションの経営を計画し、昭和63年５月、Ｙ株式会社との間で、５階建て共同住宅につき代金２億2000万円（後日、２億1660万円に変更）で建築請負契約を締結し、Ｙが建物を完成し、引き渡したところ、ＹがＡ株式会社に施工させた汚水管設備にＴ字型の継ぎ手が用いられていたこと等から汚水が逆流する等の事態が多数回発生したため、ＸがＹに対して担保責任に基づき修補に代わる損害賠償を請求した。

本件では、瑕疵の有無・程度、注文者の指示、損害が争点になった。

本判決は、汚水管の設置は、Ｘが設計等を委託したＢの指示によるものであり、Ｙ、Ａ、Ｂの協議によって設置したものであり、強い指示であるとはいえず、Ｙは担保責任を免れないとしたが、専門家であるＢの設計不備の責任までＹが負うとはいえないとし、民法536条の法意により５割の過失相殺をし、請求を認容した。

[49] 仙台高判平成４年12月８日判時1468号97頁

Ｙは、建築業者であるＸ株式会社との間で、建物の建築請負契約を締結し、Ｘは、建物を完成し、引き渡し、Ｙは、本件建物で喫茶店等の飲食店を営業していたところ、昭和58年頃から雨漏りがするようになり、外壁に亀裂が発生する等していたことから、Ｘが残代金の支払を求めたのに対し、Ｙは、瑕疵を理由に支払を拒否し、遅くとも同年12月末頃までには瑕疵の修補を求めたが、Ｘはこれを拒否し、Ｙに対して残代金の支払を請求した（Ｙは、訴訟の係属中である昭和62年相殺の抗弁を主張した）。

本件では、瑕疵の有無、瑕疵の原因、瑕疵の修補に代わる損害賠償の損害額の算定時期、相殺の抗弁の当否が争点になった。

第一審判決が請求を認容したため、Ｙが控訴した。

本判決は、雨漏り、外壁の亀裂の瑕疵を認め、これが工事に起因するものとした上、瑕疵の修補に代わる損害賠償の損害額は、請求から工事の完成まで６か月程度を要するとし、本件では修補を請求した昭和58年12月末頃から６か月を経過した時点を基準として算定するとし（補修工事費用の損害、休業損害を認めた）、損害賠償請求権との相殺を一部認め、原判決を変更し、請求を一部認容した。

［50］東京地判平成４年12月21日判時1485号41頁

Ｘは、昭和55年４月、建設業を営むY_1株式会社との間で、代金２億800万円で鉄筋コンクリート造の建物の建築請負契約を締結し（本件建物の引渡後、屋根の防水は10年、外壁からの漏水は３年、それ以外の瑕疵は２年とする特約があった）、同年12月、Y_2株式会社、Y_3との間で、建物建築に関する監理業務契約を締結し、Y_1は、昭和56年１月、建物を完成し、Ｘに引き渡したところ、その後、鉄筋コンクリートの素材、工事が契約内容と異なること、ひび割れ、雨漏り、雨樋工事の不完全等の瑕疵が発見されたことから、ＸがY_1に対して債務不履行、担保責任に基づき、Y_2らに対して債務不履行に基づき損害賠償を請求し（本件訴訟は、昭和60年に提起された）、Y_2が反訴として監理報酬の支払を請求した。

本件では、瑕疵の有無・程度、担保責任の存続期間（除斥期間）の経過、担保責任と債務不履行責任の関係、損害が争点になった。

本判決は、請負の瑕疵担保責任の規定は、不完全履行の一般理論の適用を排除するとした上、本件建物の鉄筋コンクリートの瑕疵を認めたものの、２年間の除斥期間の経過によって損害賠償請求権が消滅したとし、ひび割れ、外壁からの漏水の瑕疵を認め、それぞれ存続期間内に請求がされたとし、その余の瑕疵は２年間の除斥期間の経過によって損害賠償請求権が消滅したとし、Y_2については、請負人の瑕疵担保責任の消滅とともに消滅する等とし（Y_3は、Y_2の履行補助者としてその責任を否定した）、ＸのY_1、Y_2に対する本訴請求を一部認容し、Y_2の反訴請求を認容した。

［51］東京地判平成７年３月29日判時1555号65頁

平成２年、大阪で国際花と緑の博覧会が開催されることになり、広告代理店業を営むＸ株式会社と輸送機・遊戯機等の製造・販売業を営むＹ株式会社は、昭和61年８月以降、会場において水路に浮遊させたボートによって入場者を遊覧させる設備（ウォーターライド施設）を設置し、運営することを企画し、協議、設計等をし、昭和63年８月頃には、Ａ株式会社が本件施設の出展者（事業者）となることが内定される等し、平成元年９月、ＸがＹに本件施設の工事の施工を注文し、平成２年２月、ＡがＸに本件施設の運営等を委託する等し、本件施設の運行が開始されたところ、同年４月、本件施設が運行中、ボートが転落し、21名以上の乗客らが負傷したことから（その後、運行が同年７月まで中止された）、ＸがＡに運行中止に係る逸失利益を賠償したため、ＸがＹに対して担保責任、債務不履行責任、使用者責任に基づき損害賠償を請求した。

本件では、施設の瑕疵の有無等が争点になった。

本判決は、本件施設の瑕疵を否定し、Ｙは、Ｘらが本件施設の事業者として運行管理体制を確立し運行ルールを策定するに足りる資料や情報を提供したとし、説明・警告義務違反も否定し、請求を棄却した。

[52] 神戸地判平成９年９月８日判時1652号114頁

Ｘは、平成２年７月、不動産業者であるY_1株式会社との間で、転売目的で、Y_2株式会社の施工により、Y_1が建築予定の建物、敷地につき代金３億円で買い受ける売買契約を締結し、Y_2が山の斜面を掘削し、そこに地下１階部分をはめ込む形で鉄筋コンクリート造２階建ての建物を建築し（北側壁は掘削した山の断面に直接接する地下壁になっている）、平成３年３月、完成後、Ｘに引き渡されたところ、同年６月頃から地下１階部分に浸水現象が発生したため、売買契約を解除し、ＸはY_1に対して売買契約上の原状回復義務、瑕疵担保責任に基づき、Y_2に対して不法行為に基づき主位的、予備的請求をした。

本件では、浸水の原因、建物の瑕疵の有無・程度、解除の効果、Y_1の担保責任の成否、Y_2の不法行為責任の成否、損害が争点になった。

本判決は、地下壁を有する建物の水抜き空間、排水パイプ等の二重壁排水設備を備えていなかった瑕疵があることを認め、売買契約の解除の効力を認め、損害賠償の範囲が信頼利益にとどまるとした上、請負人が発注者からの買受人に対して不法行為責任を負うのは、積極的な加害意思がある等の特段の事情がある場合に限られるとし、本件では特段の事情が認められないとし、Y_1に対する請求を認容し、Y_2に対する請求を棄却した。

[53] 福岡高判平成９年11月28日判時1638号95頁

Ｙは、平成５年２月頃、建築業を営むＸとの間で、木造瓦葺平屋建て建物につき請負代金3741万円で建築請負契約を締結し、同年12月、Ｘが建物を完成し、Ｙに引き渡したが、Ｙが瑕疵を指摘し、工事代金のうち1325万円を支払わなかったため、ＸがＹに対して残代金の支払を請求した。

本件では、瑕疵の有無・程度、損害賠償債権との相殺の当否、同時履行の抗弁の当否等が争点になった。

第一審判決は、瑕疵を認め（46万円余）、その範囲で相殺を認め、残額の残代金の支払、遅延損害金の支払請求を認容したため、Ｙが控訴した。

本判決は、46万円余の瑕疵の存在を理由に1325万円の支払につき同時履行の抗弁を主張することは信義則上許されないとし、遅延損害金は約定の弁済期から履行遅滞になるとし、控訴を棄却した。

[54] 東京地判平成11年９月29日判タ1028号298頁

Ａ株式会社は、平成７年３月、Ｙ宗教法人から請負代金１億7400万円で５階建てビルの建築工事を請け負い、平成８年６月、Ｂ株式会社は、Ｙから本件工事を請負代金8400万円で請け負い、Ａに代わって請負人の地位を引き継ぎ、ＹとＢは、平成９年６月、本件工事の請負残代金を追加工事を含め4900万円とする合意をし、平成９年10月、Ｂは、本件工事を完成し、Ｙに引き渡し、Ｙは、建物につき保存登記を経由する等したが、Ｘ株式会社は、Ｂに対する確定判決を有しており、ＢのＹに対する請負残代金債権を差し押さえ、Ｙに対して取立訴訟を提起し、Ｙが瑕疵の修補との同時履行の抗弁を主張した。

本件では、瑕疵の有無・程度、瑕疵修補までの間の支払拒絶の当否（信義則違反、権利の濫用）が争点になった。

本判決は、本件工事には合計268万円余を要する瑕疵があるとし、工事残代金の額に対して修補に要する工事は難しいものではなく、工事費用も小さな額にとどまっている等とし、同時履行の抗弁権の行使は信義則に反して許されない等とし、請求を認容した。

[55] 福岡高判平成11年10月28日判タ1079号235頁

Ｘは、平成５年５月、建築業者であるＹとの間で、代金1865万円で建物の建築請負契約を締結し、Ｙは、自ら建物を設計し、建物を完成し、Ｘに引き渡したが、Ｘが建物の瑕疵を指摘し、残代金の支払を拒絶し、Ｙが修補に応じなかったことから、ＸがＹに対して床の傾き、サッシの型枠の取付不良等の瑕疵を主張し、担保責任、不法行為に基づき損害賠償を請求したのに対し、Ｙが反訴として残代金の支払を請求した。

本件では、建物の瑕疵の有無・程度、損害が主として争点になった。

第一審判決は、本訴請求を一部認容し、反訴請求を全部認容したため、Ｙが控訴し、Ｘが附帯控訴した。

本判決は、建築工事の請負人は、故意によるか、又は瑕疵が居住者の健康等に重大な影響を及ぼすなど、反社会性、反倫理性が強い場合には、不法行為責任を負うとし、本件では不法行為は認められないとし、建物に瑕疵があり、修補工事代金、慰謝料（50万円）、弁護士費用（80万円）の損害を認め、原判決を変更し、Ｘの本訴請求を一部認容した。

[56] 東京地判平成11年12月10日判タ1079号301頁

X_1、X_2は、ピアノ及びチェンバロの演奏場用等に使用する目的で、平成7年3月、建築業者であるY株式会社から分譲マンションの一部を代金5731万3000円で購入するとともに、建物の一部につき代金270万円で防音構造にすること等を契約とする設計仕様変更契約（請負契約）を締結し、Yが工事を施工し、平成7年11月、X_1らに引き渡したが、X_1らは、防音工事が契約に定められた防音水準であるSに達するものではないと主張し、Yに対して担保責任に基づき損害賠償を請求した。

本件では、防音工事の水準、契約違反の工事の有無等が争点になった。

本判決は、X_1らがYに求めた防音水準は人に迷惑をかけない防音であり、最高水準の本格的な防音であるS防音を明確に定めたものではないとし、本件契約がS防音を前提としたものではないとし、請求を棄却した。

[57] 札幌地小樽支部判平成12年2月8日判タ1089号180頁

Y_1、Y_2は、平成5年6月、建築業者であるX株式会社との間で、代金1950万円で木造建物の建築請負契約を締結し、Xは、同年10月、建物を完成し、Y_1らに引き渡したが、Y_1らが残代金等を支払わなかったため、XがY_1らに対して残代金等の支払を請求したのに対し、Y_1らが建物には多数の瑕疵があると主張し、損害賠償請求権との相殺を主張するとともに、反訴として相殺後の残損害賠償の支払を請求した。

本件では、瑕疵の有無・程度、損害が争点になった。

本判決は、大引、梁の中に必要な断面寸法に達しないものがあり、建物自体のひずみが生じている構造上の瑕疵、1階和室全体にゆがみがあり、雨漏り、床鳴り、1階床下の断熱材の落下の危険、1階居間の出窓が水平になっていないこと、契約の内容と異なっているところ等が認められるとし、瑕疵を認め、財産上の損害728万7965円、慰謝料100万円を認め、一部相殺を肯定し、本訴請求を一部認容し、反訴請求を一部認容した。

[58] 東京高判平成12年3月14日判タ1028号295頁

前記の［54］東京地判平成11年9月29日判タ1028号298頁の控訴審判決であり、Yが控訴した。

本件では、瑕疵の有無・程度、瑕疵修補までの間の支払拒絶の当否（信義則違反、権利の濫用）が争点になった。

本判決は、基本的に第一審判決を引用し、瑕疵修補に要する費用が請負残代金の約5.5%にすぎず、瑕疵の内容も建物の使用と無関係で違和感がなく、請負残代金からすると軽微と評し得る瑕疵を理由に従前の態度を翻して実現可能性の乏しい瑕疵修補との引換給付を主張するに至ったこと等から、同時履行の抗弁権の行使が信義則に反して許されないとし、控訴を棄却した。

[59] 長崎地大村支部判平成12年12月22日判タ1109号166頁

Ｘは、平成８年３月、Y_1株式会社（代表者はY_2）との間で、木造セメント瓦葺き２階建て建物・居宅兼診療所を請負代金3715万円で建築請負契約を締結し、Y_1は、建物を完成し（Y_1の一級建築士はY_3）、同年６月、建物を引き渡し、Ｘは、本件建物の１階を診療所、２階を自宅として使用していたが、その後間もなく、２階バルコニーが垂れ下がり、雨漏りがする等したことから、建築士らに欠陥調査を依頼したところ、基礎構造、壁構造、木構造に欠陥があることが判明し、建て替えるほか相当な補修方法がないとの評価を得たため、ＸがY_1に対して担保責任、Y_2、Y_3に対しては民法709条に基づき損害賠償を請求した。

本件では、瑕疵の有無・程度、損害が主な争点になった。

本判決は、基礎構造、壁構造、木構造に多岐な欠陥があり、これを補修するには大半の部分で解体施工することが必要であり、結局、取り壊して建て替える方法によるほかないとし、Y_2、Y_3、さらにY_1の不法行為責任を肯定し、建替費用、建替中の建物の賃料、引越費用、欠陥調査鑑定費用、慰謝料、弁護士費用の損害を認め、請求を認容した。

[60] 最三判平成14年９月24日判時1801号77頁

Ｘは、Ｙ株式会社に代金4352万2000円で木造ステンレス鋼板葺２階建て建物（三世代居住用住宅）を注文し、Ｙが建物を完成し、引き渡したところ、建物全体にわたって多数の欠陥個所が存在し、主要な構造部分の安全性、耐久性に重大な影響を及ぼす欠陥が見られたため、ＸがＹに対して担保責任等に基づき建物の建替費用等の損害賠償を請求した。

本件では、民法635条但書に照らし、建物の建替費用の損害賠償が認められるかが主な争点になった。

第一審判決は、本件建物には重大な瑕疵があり、立て直す必要があるとし、建替費用相当額等の損害につき請求を認容した。

控訴審判決は、同様に建替費用相当額の損害賠償を認め、引越費用、代替住居の借賃、弁護士費用等の損害も認め、本件建物の居住によってＸが受けた利益を控除し、請求を認容したため、Ｙが上告受理を申し立てた。

本判決は、建物の建替費用相当額の損害賠償を認めたとしても、民法635条但書の趣旨に反するものではないとし、上告を棄却した。

なお、前記【参考判例】の⑭も参照。

[61] 東京高判平成16年6月3日金融・商事判例1195号22頁

内装工事業者であるXは、平成13年3月、Yとの間で、報酬580万円で建物の内装工事を請け負い、追加工事を含め、工事を完成したと主張し、残報酬の支払を求めたが、Yが工事の瑕疵を理由に残報酬の支払を拒否したため、XがYに対して残報酬の支払を請求し、Yが瑕疵修補に代わる損害賠償を受けるまでは報酬の支払を拒否する旨の同時履行の抗弁を主張し、Xが報酬債権との相殺を主張した。

本件では、瑕疵の有無・程度、同時履行の抗弁の成否、相殺の当否が争点になった。

第一審判決は、未完成部分があるとしたものの、本工事、追加工事の報酬を認めた上、瑕疵修補に代わる損害が438万円余あるとし、この支払と引換えに残報酬の支払請求を一部認容したため、Xが控訴した。

本判決は、注文者が瑕疵修補に代わる損害賠償につき同時履行の抗弁を主張した場合、請負人は、報酬請求権を自働債権とし、損害賠償債権と対当額において相殺することができ、これにより、注文者の損害賠償債権と請負人の報酬債権はその対当額において消滅し、請負人は注文者に対して報酬残額の支払を求めることができるとし、原判決を変更し、請求を一部認容した。

[62] 大阪地判平成16年9月29日判タ1191号277頁

Y株式会社は、大手鋼板メーカーであるA株式会社から、鋼板の加工設備の建設工事を受注していたところ、X株式会社は、Yから下請けとして、建設工事のうち既存建物の解体工事、工場建物の建築工事、機械の基礎工事、外構工事を受注し、追加工事を含めて施工し（追加工事の請負契約の成否は争点になっている）、完成後、引き渡したが、Yが瑕疵等を理由に残代金の支払を拒否したことから、XがYに対して請負残代金の支払、Yの基本図面の提出遅滞に係る債務不履行に基づく損害賠償を請求した。

本件では、追加工事請負契約の成否、瑕疵の有無・程度、債務不履行の有無、相殺の当否が争点になった。

本判決は、追加工事請負契約の成立を否定し、Yが基本図面の期間内に提出することを怠り、Xが工期に間に合わせるために通常予想される範囲を超えた工事（突貫工事）を行うことを余儀なくされたとし、Yの債務不履行を認め、Xの行った基礎工事には高さ不良等の瑕疵があったとし、Yによる瑕疵修補に代わる損害賠償債権との相殺を認め、請求を一部認容した。

[63] 大阪地判平成17年４月26日判タ1197号185頁

Ｙは、平成９年10月、建築業者であるＸ株式会社との間で、請負代金３億7653万円で２棟の建物の建築請負契約を締結し、変更工事が問題になる等し、Ｘが平成10年11月に建物をＹに引き渡したが、その後、追加工事も施工したものの、Ｙが合計３億円を支払っただけであったため、ＸがＹに対して請負残代金の支払を請求した。

本件では、変更工事の有無・内容、追加工事の有無・内容、建物の完成の有無、瑕疵の有無・程度、相殺の成否が争点になった。

本判決は、本工事、変更工事、追加工事とも予定された最後の工程まで一応終了したものであり、建物が完成したものと認め、Ｙの主張に係る約1000箇所の瑕疵の主張については、多くが瑕疵に当たらないとし、一部の瑕疵を認め、請求を認容した。

[64] 名古屋地判平成19年９月21日判タ1273号230頁

建築業者であるＸ株式会社は、平成11年５月、12月、Y_1、Y_2との間で、請負代金4830万円で２階建て建物の建築請負契約を締結し、同様に、Y_3との間で、請負代金3202万5000円で本件建物の車庫（本件建物の地階部分に車庫が建築されるものである）の建築請負契約を締結し、Ｘが工事に着手したものの、地階部分の擁壁工事の際、コンクリートの型枠が破裂し、打設中のコンクリートが流出する事故が発生し、工事が中止され、対策をめぐる紛争が発生する等し、Y_1らが中間金を支払わなかったことから、Ｘが本件各契約を解除し、Y_1らに対して損害賠償を請求したのに対し、Y_1らが反訴として建築途中の建物に欠陥があると主張し、本件各契約が履行不能であると主張し、本件各契約を解除し、建物の収去、土地の明渡しを請求した。

本件では、建築中の建物の欠陥の有無・程度、履行不能の有無、解除の効力等が争点になった。

本判決は、建築中の建物には柱、梁の鉄筋不足、柱と擁壁の接合部の強度不足、コールドジョイントの存在、構造クラックの存在等の重大な欠陥があるとし、工事途中であっても、瑕疵の程度等によっては、注文者は履行期が到来した報酬の支払を拒むことができるとし、Ｘの本訴請求を棄却し、Ｘが重大な瑕疵につき建替えを求められたものの、Ｘがこれを拒んだこと、竣工予定時から５年を経過しても未完成であること等から、Ｘの工事完成義務は社会通念上履行不能となり、Ｘに帰責事由がないとはいえないとし、Y_1らの反訴請求を認容した。

[65] 東京地判平成19年10月10日判タ1279号237頁

X_1、X_2は、平成13年12月、建築業を営むＹ株式会社との間で、請負代金4200万円で地上２階建て、地下１階建て建物の建築請負契約を締結し、Ｙは、平成14年９月頃、建物を完成し、X_1らに引き渡し、X_1らが本件建物に入居したが、シックハウス症候群に罹患する等したため、X_1らがＹに対して、担保責任、説明義務違反、安全配慮義務違反等を主張し、担保責任、債務不履行責任、不法行為責任に基づき損害賠償を請求した。

本件では、シックハウス症候群に罹患しないようにする契約内容、担保責任の成否、説明義務違反の有無、安全配慮義務違反の有無等が争点になった。

本判決は、シックハウス症候群に罹患しないようにする合意の成立を否定し、安全配慮義務違反を否定し、瑕疵担保責任を否定する等し、請求を棄却した。

[66] 東京地判平成19年10月11日判時1989号25頁

ホテル事業を営むＹ有限会社は、平成14年２月、建設業者であるＸ株式会社との間で、請負代金２億4675万円、完成引渡時平成15年３月で地上９階建て、地下１階建て建物の建築請負契約を締結し、Ｘは、当初の予定工期から約５か月遅滞して進行し、平成15年12月、完成の上、Ｙに引き渡したが、Ｙが引渡しの遅れ、瑕疵を主張し、請負残代金の支払を拒んだため、ＸがＹに対して請負残代金（追加工事分も含む）、中間金の支払遅延による違約金の支払を請求したのに対し、Ｙが反訴として工事遅延による違約金、瑕疵に係る損害金の支払を請求した。

本件では、中間金の支払遅延による違約金の発生の有無、工事遅延による違約金の発生の有無、瑕疵の有無・程度が争点になった。

本判決は、中間金の支払遅延による違約金については、工事の遅延、瑕疵の存在があり、中間金を約定の期日に支払わなかったとしても、公平の観点から中間金を支払わなくても違法ではない等とし、本件建物の瑕疵を認め、Ｘの本訴請求を棄却し、Ｙの反訴請求を認容した。

[67] 大阪地判平成20年２月28日判時2007号71頁

Ｘ株式会社は、漬け物、梅干し等の食品の製造販売を業とするところ、平成14年９月、廃水処理施設の設計、施工等を業とするＹ株式会社との間で、請負代金3255万円で工場の廃水処理設備能力増強工事の請負契約を締結し、Ｙは、工事に着工し、確認運転等を行っていたが、Ｘが設備の瑕疵を主張し、Ｙに対して担保責任に基づき損害賠償を請求した。

本件では、設備の瑕疵の有無・程度が争点になった。

本判決は、設備の瑕疵を否定し、請求を棄却した。

［68］東京地判平成20年３月12日判タ1295号242頁

X_1株式会社（代表者はX_3）は、海岸沿いにある土地上に事務所、倉庫を建築することを計画し、平成14年８月、Ｙ株式会社との間で、敷地の造成、事務所等の建物の建築請負契約を締結し、平成14年12月、追加工事を発注し、Ｙは、建物を完成する等し、平成15年３月から４月頃、X_1に建物を引き渡し、その頃、X_2有限会社（代表者はX_3）に賃貸したところ、倉庫に雨漏り、湿気、カビが発生し、フェンスが傾いている等の瑕疵があり、X_3がＹと補修等の交渉を行ったものの、解決しなかったため、X_1がＹに対して、担保責任、債務不履行責任、不法行為責任、X_2がＹに対して不法行為責任に基づき損害賠償を請求するとともに、X_3がＹに対して心労により肺結核に罹患したなどと主張し、不法行為責任に基づき損害賠償を請求した。

本件では、建物の瑕疵の有無・程度、各責任の成否、損害が争点になった。

本判決は、倉庫につき雨漏り、湿度の上昇、カビの繁殖の防止に向けて相当の配慮をした基本的な性能を備えることが契約の内容になっていたものであり、この基本的性能を満たさない瑕疵があるとし、個々の瑕疵につきＹの過失を認め、建替えは必要ではないものの、屋根、外壁等の雨漏り防止対策、防湿、防カビ対策の費用等を損害と認め、本件倉庫の利用者として想定される第三者との関係においても財産上の損害を被らないようする注意義務違反を認める等し、X_1、X_2の請求を認容し、X_3の請求を棄却した。

［69］東京地判平成20年12月24日判時2037号55頁

Ａ（国）は、平成10年３月、国道の地下横断歩道工事をX_1株式会社に発注し、平成10年７月、関連する地下横断歩道工事をX_2株式会社に発注し（いずれの請負契約においても、瑕疵担保責任期間は、引渡しの日から２年以内、瑕疵が故意又は重大な過失により生じたときは10年以内とする約定があった）、X_1は、平成10年６月、X_2は、平成10年８月、歩道工事のタイル張り工事をＹ株式会社に発注し、ＹがＢ株式会社にタイル張り工事を下請けさせ、Ｂが工事を完了し、平成11年２月までに引き渡したところ、平成16年11月、地下道の壁面等のタイルが広範囲に浮きやひび割れが生じ、剥落事故の発生のおそれが生じたことから、X_1らがＹに対して下請業者の施工上の瑕疵を主張し、担保責任、契約約款に基づき損害賠償を請求した。

本件では、施工上の瑕疵の有無、担保責任期間の経過、損害が争点になった。

本判決は、本件の不具合はＹの施工上の不備によって発生したものであり、Ｙには重大な過失があったとし、瑕疵担保責任の消滅を否定する等し、請求を認容した。

[70] 仙台地判平成23年１月13日判時2112号75頁

Ｘは、平成10年６月、Y_1株式会社との間で、請負代金１億2857万円余で建物の建築請負契約を締結し、Y_1は、平成11年３月、建物を完成し、引き渡したところ、本件建物に多数の瑕疵があることが判明したため、ＸがY_1のほか、Y_1の常務取締役で、本件工事の監理者Y_2、工事監理者Ａの使用者であるY_3株式会社に対して本件建物に設計図書、建築基準法に違反する瑕疵がある等と主張し、担保責任、不法行為責任に基づき損害賠償を請求した。

本件では、瑕疵の有無・程度、各責任の成否、損害が争点になった。

本判決は、本件建物の多数の瑕疵を認め、Y_1の瑕疵担保責任、Y_3の使用者責任を肯定し、Y_2が工事監理者としての義務を負担することが予定されていなかったとし、Y_1、Y_3に対する請求を認容し、Y_2に対する請求を棄却した。

[71] 大阪地判平成25年２月26日判タ1389号193頁

建築業者であるＸ株式会社は、平成20年６月、不動産業を営むY_1株式会社との間で、請負代金19億5300万円で鉄筋コンクリート造陸屋根14階建て建物の建築請負契約を締結し、追加変更工事を経て、平成21年10月、Ｘは建物を建築し、Ｙに引き渡したが、本件建物に多数の瑕疵があり、Y_1が請負残代金の支払を拒否したため、ＸがY_1に対して残代金の支払を求めたのに対し、Y_1が多数の瑕疵を主張し、Ｘに対して担保責任、不法行為、Ｘの取締役Y_2ないしY_5に対して会社法429条１項、Ｘの従業員Y_6らに対して不法行為、Ｘの親会社であるY_7株式会社に対して保証契約、共同不法行為に基づき損害賠償を請求した。

本件では、瑕疵の有無・程度、各責任の成否、損害、瑕疵修補に代わる損害賠償債権との相殺の当否等が争点になった。

本判決は、本件建物につき多数の瑕疵を認め、また、欠陥現象から瑕疵を推認し（専門委員の説明が弁論の全趣旨として事実認定の根拠とした）、相殺を認め、Ｘの請求を一部認容し、Ｙの請求を棄却した。

[72] 名古屋高判平成27年５月13日判時2266号61頁

Ｘは、鉄骨造２階建て建物の建築工事を、建築工事業を営むＹ株式会社に代金600万円で注文し、Ｙが施工し、引き渡したところ（代金の一部は未払いであった)、ＸがＹに対して本件建物に重大な瑕疵があり（仕口にダイアフラムが施工されていない、使用された鋼材の板厚が不足している等の瑕疵)、建替えが必要である等と主張し、担保責任、不法行為責任等に基づき損害賠償を請求した（Ｙは、残代金債権との相殺も主張した)。

本件では、瑕疵の有無・程度、損害等が争点になった。

第一審判決は、本件建物には設計図書で定められた内ダイアフラム（又はこれに代わるハンチ）が施工されていないこと等の瑕疵があり、鋼材の板厚は契約で定められた寸法に若干不足するものの、その不足の程度は日本工業規格による許容される誤差の範囲内であるとして瑕疵を否定し、構造計算上の耐力に問題はなく、建替えの必要性までは認められない等とし、損害額が約106万円であるところ、残代金が200万円であり、Ｙの主張に係る相殺により損害賠償請求権が消滅したとし、請求を棄却したため、Ｘが控訴した（Ｘは、控訴審において予備的請求を追加した)。

本判決は、設計図書に記載された内ダイアフラムをそのまま施工するとかえって構造耐力上の支障を生じることがあり、ハンチ又はリブプレートを設置するのが建築業界の一般的理解であるところ、本件では仕口にリブプレートが設置されているし、鋼材の板厚は、契約で定められた寸法に若干不足するが、多少の誤差があっても許容され、ＸとＹが多少の誤差も許さないほど厳格に板厚を約定する等していないから瑕疵に当たるとはいえない等とし、控訴、予備的請求を棄却した。

【参考裁判例】

現行民法においては、請負契約上の債務不履行責任が問題になることがあり、債務不履行責任としては履行遅滞、履行不能、不完全履行があるが、改正民法においても、問題になり得る。なお、現行民法においては、請負人の担保責任が適用される場合には、不完全履行の問題が排除されるとの見解が有力であり、その旨の裁判例も見られたが、改正民法においては、実質的にもこの問題が生じないし、理論的にも排除される根拠がないと考えることができよう。

まず、不完全履行が問題になった裁判例としては、次のようなものがある。

[73]　大阪高判平成元年２月17日判時1323号83頁

パン、ケーキ類の製造、販売を業とするX_1株式会社は、昭和49年12月、建設業を営むY_1株式会社との間で、代金2296万円余で建物の建築工事の請負契約を締結し、X_1の代表者X_2、その妻X_3は、Y_1との間で、昭和50年６月頃、代金2765万円余で建物の建築工事の請負契約を締結し、Y_1が設計監理を業とするY_2株式会社（代表者は、一級建築士であるY_3）と下請契約を締結し、Y_2が建物の設計、監理を行い、建物の建築を完了し、X_1らに引き渡したところ、X_1らは、本件各建物には構造上の欠陥（鉄骨軸組架構体のゆがみ、鉄骨構造体の部材溶接の不良、基礎構造の不良）があり、不等沈下によって建物が傾斜した等と主張し、Y_1、Y_2、Y_3に対して債務不履行、担保責任、不法行為等に基づき損害賠償を請求した（その後、Y_1が破産宣告を受け、請求が破産債権確定訴訟に変更された）。

本件では、建物の瑕疵の有無・程度、損害等が争点になった。

第一審判決（大阪地判昭和62年２月18日判時1323号68頁）は、建物の構造上の欠陥、耐火・防火上の欠陥を認め、これが設計、工事監理、施工上の瑕疵であり、建物の傾斜も誤った設計に基づき基礎構造の瑕疵に起因するとし、請負人の不完全履行は担保責任の規定により排斥されるとし、Y_1の担保責任を肯定し（慰謝料、弁護士費用等の損害を認めた）、Y_2、Y_3の責任については、建築確認のため便宜上名義を貸したにすぎず、Y_1から工事監理を引き受けたものではないものの、Y_3が作成した設計図書は実際の工事施工のためのものであり、敷地の地盤調査を怠り、誤った地耐力を設定し、不等沈下を生じさせた不法行為を認め、請求を認容したため、$Y_2$$Y_3$が控訴し、$X_1$らが附帯控訴した。

本判決は、基本的に第一審判決を引用する等し、X_1の慰謝料の主張を排斥し、原判決を変更し、X_1らの請求を認容した。

[74] 東京地判平成４年12月21日判時1485号41頁

Xは、昭和55年４月、建設業を営むY_1株式会社との間で、代金２億800万円で鉄筋コンクリート造の建物の建築請負契約を締結し（本件建物の引渡後、屋根の防水は10年、外壁からの漏水は３年、それ以外の瑕疵は２年とする特約があった）、同年12月、Y_2株式会社、Y_3との間で、建物建築に関する監理業務契約を締結し、Y_1は、昭和56年１月、建物を完成し、Xに引き渡したところ、その後、鉄筋コンクリートの素材、工事が契約内容と異なること、ひび割れ、雨漏り、雨樋工事の不完全等の瑕疵が発見されたことから、XがY_1に対して債務不履行、担保責任に基づき、Y_2らに対して債務不履行に基づき損害賠償を請求し（本件訴訟は、昭和60年に提起された）、Y_2が反訴として監理報酬の支払を請求した。

本件では、瑕疵の有無・程度、担保責任の存続期間（除斥期間）の経過、担保責任と債務不履行責任の関係、損害が争点になった。

本判決は、請負の瑕疵担保責任の規定は、不完全履行の一般理論の適用を排除するとした上、本件建物の鉄筋コンクリートの瑕疵を認めたものの、２年間の除斥期間の経過によって損害賠償請求権が消滅したとし、ひび割れ、外壁からの漏水の瑕疵を認め、それぞれ存続期間内に請求がされたとし、その余の瑕疵は２年間の除斥期間の経過によって損害賠償請求権が消滅したとし、Y_2については、請負人の瑕疵担保責任の消滅とともに消滅する等とし（Y_3は、Y_2の履行補助者としてその責任を否定した）、ＸのY_1、Y_2に対する本訴請求を一部認容し、Y_2の反訴請求を認容した。

[75] 東京地判平成６年９月８日判時1540号54頁

不動産業を営むX_1株式会社（代表者はX_2）は、元沼地の造成、宅地の分譲を計画し、昭和48年２月、建設業を営むY_1株式会社との間で、元沼地につき代金５億円、完成日昭和49年４月末日などの約定で土地の造成工事請負契約を締結し、Y_2株式会社（代表者はY_3）、Y_3は、工事の完成を保証し、Y_1が造成工事に着手し、完成後、引き渡したが、完成の遅滞、排水溝、河川の護岸工事、道路の凸凹、地盤の沈下等が問題が生じる等したため、X_1がY_1、Y_2らに対して債務不履行に基づき損害賠償を請求したのに対し、Y_1がX_1に対して工事残代金の支払、X_2に対してX_1の本件訴訟における誤主張につき商法266条ノ３所定の信用毀損に係る損害賠償を請求した。

本件では、宅地造成の瑕疵の有無・程度、債務不履行責任の成否、損害が主要な争点になった。

本判決は、元沼地の地盤調査が不十分であり、不十分な地盤改良法を選択施工したこと等により、分譲販売する予定の宅地の性格を欠く土地であるとし、地盤沈下による瑕疵を肯定した上、債務不履行責任を肯定し、造成地の地盤沈下に係る損害として補修工事費用等として２億76万円余の損害を認め、X_1の請求を一部認容し、Y_1のX_1に対する請求を一部認容し、X_2に対する請求を棄却した。

[76] 京都地判平成24年２月14日判時2159号103頁

Ｘは、木造２階建ての建物を所有していたところ、建物の改装工事を行うこととし、平成19年８月、一級建築士Y_1に本件工事の設計・監理を委託し、平成19年10月、建築業者であるY_2株式会社（代表者はY_3）との間で、本件工事の請負契約を締結し、Y_2は、本件建物の解体工事に着手したが、Ｘとの間で紛争が発生し、本件工事が停止されたことから（本件建物の一部の外壁を撤去し、作り直す合意があったか、撤去しないで工事をする合意があったかが問題になった）、ＸがY_1らに対して外壁撤去の合意を無視した設計、工事が行われたなどと主張し、債務不履行、不法行為に基づき損害賠償を請求し、Y_1が反訴として未払いの報酬の支払を請求した。

本件では、合意の内容が争点になった。

本判決は、本件工事につき外壁を撤去しないで工事を行うことに、Ｘの黙示の承諾を得ていたとし、Y_1らの帰責事由により履行不能になったともいえないし、不完全履行も認められないとし、本訴請求を棄却し、未払いの報酬はないとし、反訴請求を棄却した。

【参考裁判例】

また、履行不能が問題になった裁判例としては、次のとおりである。

[77] 東京地判平成５年10月５日判時1497号74頁

有料老人ホームを経営するＸ株式会社は、平成２年２月、建築土木工事の設計等を業とするＹ株式会社との間で、有料老人ホームの新築につき報酬１億2000万円で設計監理委託契約を締結し、報酬の一部3000万円をＹに支払い、ＸとＹは打ち合わせ等を行ったところ、ＸがＹに不信感を抱く等したことから、ＸがＹに対して関係官庁との調査打ち合わせを行わず、建物の完成が不可能になり、信頼関係が破壊された等と主張し、本件契約を解除し、支払済みの3000万円の返還を請求したのに対し、Ｙが反訴として根拠のない解除により本件契約の履行が不能になったと主張し、民法536条２項に基づき報酬の一部の支払を請求した。

本件では、履行不能の成否、Ｙの不履行によるＸの解除の当否、民法536条２項の適用の当否、出来高の算定が争点になった。

本判決は、Ｙの仕事は遅れがちであったものの、社会通念上仕事の完成が不可能になったとはいえないし、ＸとＹの信頼関係が破壊されたともいえないとし、本件解除の効力を否定し、Ｘが根拠のない解除により、Ｙの仕事の完成を不可能にしたとし、民法536条２項により、Ｙが報酬の残額の支払請求権を取得するが、出来高の範囲にとどまるとし、3000万円にとどまるものとし、本訴請求、反訴請求を棄却した。

[78] 東京地判平成６年11月18日判時1545号69頁

ゴルフ場を経営するＸ株式会社は、18ホールのゴルフ場の造成、運営を計画し、昭和63年11月、建設業を営むＹ株式会社との間で、開発行為許可申請業務、設計業務の委託契約を締結し、Ｘが報酬金の一部を前払いし、Ｙが業務を行っていたが、ゴルフ場の開発に関する行政上の規制が強化され、コース予定内の残置森林との関係で予定の18ホールの造成が不可能になったため、ＸがＹに対して主位的にＹの債務が原始的に不能であると主張し、予備的に後発的に不能になったと主張し、前払金の返還を請求した。

本件では、ゴルフ場の開発業務の不能の成否等が争点になった。

本判決は、本件契約は諸官庁に対する各種許認可の申請業務の部分が準委任契約であり、詳細設計業務の部分が請負契約であり、その集合体であるとした上、準委任契約の部分はＹが業務を行ったことに関する費用を請求することができるとし、本件では18ホールのゴルフコースの設計が不可能であることが確定した以降の事務処理費用等がこれに含まれ、この費用の４分の１を報酬と認めるのが相当であるとし、請求を一部認容した。

[79] 東京地判平成８年７月16日判タ958号227頁

Ｘは、カラオケ店の経営を計画し、平成４年10月、音響機器の販売、飲食店の経営等を業とするＹ株式会社との間で、代金合計１億390万円、引渡検査日を定めてカラオケ施設（建物）の建築工事の請負、カラオケ機器の売買に関する契約を締結し（引渡日は、カラオケ店の最繁忙時期である忘年会シーズンに間に合うように定められた）、Ｙは、下請業者であるＡ有限会社（代表者はＢ）に建物の建築を下請けさせ、Ａが建築確認申請を行うこととなったが、Ｂが申請書添付書類である構造計算書の作成を怠ったことから、確認申請をすることができず、引渡検査日における建物の完成、引渡しが不可能になったため、Ｘは、契約を解除し、Ｙに対して既払代金の返還、損害賠償を請求したのに対し、Ｙが反訴として解除が注文者の解除権に基づくものであると主張し、カラオケ機器の販売による逸失利益の損害賠償を請求した。

本件では、確定期限の定めの有無、履行不能の成否、解除の効力、損害等が争点になった。

本判決は、引渡検査日が確定期限の定めであるとし、建築確認申請の遅れによって期限までの引渡しが不可能になったとして、履行代行者の責に帰すべき事由による履行不能であるとし、履行期到来前の解除の効力を認め、Ｘの本訴請求を認容し、Ｙの反訴請求を棄却した。

[80] 富山地判平成10年３月11日判タ1015号171頁

不動産業等を営むＸ株式会社は、富山県所在の地域の住民から地元の活性化対策の一環として、リゾート施設の開発の要望を受け、Ａとともに、ゴルフ場を核とするリゾート施設開発を推進していたところ、ゴルフ場の経営等を業とするＹ株式会社が参画することになり、Ｙは、平成２年５月、Ｘ、Ａとの間で、本件事業のための用地の取得、買付業務を委託し、Ｘらは地元住民らと協議を行う等し、ＸとＹは、同年８月、Ｘが用地の買付、開発行為の許認可の取得等を行う業務等を定めた協定書を取り交わしたが、途中で開発計画が中止されたため、ＸがＹに対して主位的に委任契約に関する民法648条３項により履行の割合に応じた報酬（３億円）の支払、予備的に請負契約がＹの責に帰すべき事由により履行不能になったと主張し、民法536条２項により報酬の一部の支払を請求した。

本件では、契約の性質決定（委任か、請負か）、民法648条３項の適用の当否、履行不能の成否、民法536条２項の適用の当否が争点になった。

本判決は、本件契約は開発行為の許認可を取得することを目標としてコンサルタント業務を除く同目標を達成するために必要な一切の業務という仕事の完成を約するものであり、請負契約であるとした上、民法648条３項の適用を否定し、本件事業が中止されたのは、Ｙが会社経営の悪化に伴って事業資金を調達することができなくなったためであるとし、Ｙの責に帰すべき事由により履行が不能になったとし、民法536条２項の適用を認め、９億円の報酬を認め、主位的請求を棄却し、予備的請求を認容した。

[81] 神戸地判平成12年１月26日判タ1045号181頁

X_1は、平成６年11月、建築業者であるＹ有限会社との間で、代金4600万円で４階建てビルの建築工事請負契約を締結し、Ｙが工事に着手したが、平成７年１月17日に発生した阪神・淡路大震災により約７割程度行われていた工事（建前）が倒壊したことから、X_1、その家族であるX_2ないしX_5が材料変更に伴う荷重増加、不適切な溶接仕様変更、不適切な柱脚の仕様変更を主張し、Ｙに対して債務不履行、不法行為に基づき損害賠償を請求したのに対し、Ｙが反訴として危険負担の特約に基づき出来高の報酬の支払を請求した。

本件では、倒壊の原因、材料変更に伴う荷重増加、不適切な溶接仕様変更、不適切な柱脚の仕様変更の有無、債務不履行責任の成否、不法行為責任の成否、損害、報酬請求の当否が争点になった。

本判決は、材料変更に伴う荷重増加、不適切な溶接仕様変更に関するX_1らの主張を排斥したが、不適切な柱脚の仕様変更を認め、建築確認図面どおりに施工していても倒壊を免れなかった旨のＹの主張を排斥した上、Ｙの責めに帰すべき事由による履行不能（債務不履行責任）を肯定し、既払額1850万円、基礎掘削生地費用90万円の損害を認め（銀行借入費用、仮住居費用・家財道具保管費用・引っ越し費用、再築費用高騰額、慰謝料に関する主張を排斥した）、本訴請求を一部認容し、反訴請求を棄却した。

[82] 東京地判平成13年１月31日判タ1071号190頁

Ｙは、一部を自宅、店舗とする賃貸マンションの建築を計画し、平成10年１月、鉄筋コンクリート造７階建て建物の設計、建築確認の代理業務を、不動産業を営むＸ株式会社に代金315万円で発注し、同年３月、建築実施設計図面一色の作成も追加して代金700万円で、支払時期建物着工時として発注し、Ｘは、平成10年６月、設計図一式の作成を完成し、Ｙにその旨を通知したものの、Ｙが資金調達ができない等の理由で工事の着工をしなかったため、ＸがＹに対して請負契約に基づき代金の支払を請求した。

本件では、工事着手の不能に係る請負代金の支払時期が争点になった。

本判決は、建物着工時の趣旨は、この時期が必ず到来するものであることを前提とするものであり、建築工事の着手が社会通念上実現しないことが確定した場合には、期限が到来することを約したものであるとし、本件では、2000万円余の資金が不足していること等から社会通念上工事の着手が実現できない状態であり、期限が到来したとし、請求を認容した。

[83] 名古屋地判平成19年９月21日判タ1273号230頁

建築業者であるＸ株式会社は、平成11年５月、12月、Y_1、Y_2との間で、請負代金4830万円で２階建て建物の建築請負契約を締結し、同様に、Y_3との間で、請負代金3202万5000円で本件建物の車庫（本件建物の地階部分に車庫が建築されるものである）の建築請負契約を締結し、Ｘが工事に着手したものの、地階部分の擁壁工事の際、コンクリートの型枠が破裂し、打設中のコンクリートが流出する事故が発生し、工事が中止され、対策をめぐる紛争が発生する等し、Y_1らが中間金を支払わなかったことから、Ｘが本件各契約を解除し、Y_1らに対して損害賠償を請求したのに対し、Y_1らが反訴として建築途中の建物に欠陥があると主張し、本件各契約が履行不能であると主張し、本件各契約を解除し、建物の収去、土地の明渡しを請求した。

本件では、建築中の建物の欠陥の有無・程度、履行不能の成否、解除の効力等が争点になった。

本判決は、建築中の建物には柱、梁の鉄筋不足、柱と擁壁の接合部の強度不足、コールドジョイントの存在、構造クラックの存在等の重大な欠陥があるとし、工事途中であっても、瑕疵の程度等によっては、注文者は履行期が到来した報酬の支払を拒むことができるとし、Ｘの本訴請求を棄却し、Ｘが重大な瑕疵につき建替えを求められたものの、Ｘがこれを拒んだこと、竣工予定時から５年を経過しても未完成であること等から、Ｘの工事完成義務は社会通念上履行不能となり、Ｘに帰責事由がないとはいえないとし、Y_1らの反訴請求を認容した。

【参考裁判例】

さらに、請負契約は請負人の担保責任を理由として解除されることがあるほか、請負人の債務不履行、注文者の債務不履行を理由として解除されることがあり、これらの解除は、実際上は競合的、選択的に主張されることが少なくないが、請負契約の解除の当否が問題になった裁判例としては、次のようなものがある。

[84] 神戸地判平成２年10月25日判タ755号182頁

Ｙは、ビル（医療従事者をテナントとする医療ビル）の新築工事を計画し、昭和63年10月、Ｘに本件ビルの設計業務、工事監理業務を契約時300万円、実施設計時300万円、完了時300万円の代金900万円で依頼し、Ｘはプラン図面を作成する等したが、Ｙが同月末、本件請負契約を解除したため、ＸがＹに対して主位的に着手金の支払、予備的に任意解除特約に基づく報酬の支払を請求した。

本件では、解除の効力、特約の効力等が争点になった。

本判決は、信頼関係の破壊による解除を否定し、特約による解除を認めた上、出来高を５％と認め、主位的請求を棄却し、予備的請求を一部認容した。

[85] 千葉地判平成３年３月22日判時1412号113頁

X_1、X_2は、住宅の建築業を営むＹ株式会社のモデルルームを見学し、住宅の新築を依頼しようとし、昭和62年５月、X_1とＹは、代金1405万円で建物の建築請負契約を締結し、Ｙが建築工事に着手し、上棟式を経て外壁も備わったものの、建物全体に手抜き、施工ミスがあったことから、X_1が契約を解除し、X_1らが土地上の構築物の収去、土地の明渡し、既払いの請負代金の返還、慰謝料の支払を請求した。

本件では、瑕疵の有無・程度、安全かつ快適な通常の住宅の建築の可否、解除の当否、慰謝料請求の当否が争点になった。

本判決は、上棟式の頃までに柱材が設計と異なり、壁の施工方法が設計と異なり、基礎工事の手抜き、粗悪な材料の使用、設計のミス等があり、工事を続行しても安全かつ快適な住宅の建築は不可能であると認め、Ｙの債務不履行による解除の効力を認め、慰謝料を各自50万円認め、請求を認容した。

［86］東京高判平成３年10月21日判時1412号109頁

前記の［85］千葉地判平成３年３月22日判時1412号113頁の控訴審判決であり、Ｙが控訴した。

本件では、瑕疵の有無・程度、安全かつ快適な通常の住宅の建築の可否、解除の当否、慰謝料請求の当否が争点になった。

本判決は、民法635条但書との関係について、仕事の目的物である建物等が社会経済的な見地から判断して契約の目的に従った建物等として未完成である場合にまで、注文者が債務不履行の一般原則によって契約を解除することを禁じたものではないとした上、本件では重大な瑕疵があるとし、解除の効力を認める等し、控訴を棄却した。

［87］東京地判平成４年11月30日判タ825号170頁

Ｘ株式会社は、昭和57年11月、Ｙ株式会社との間で、６階建てビル（店舗、ボクシングジムとして使用することを予定）の建築につき代金１億5000万円で請負契約を締結し、Ｙが工事に着手したが、ＸがＹにおいて約定に反する工事を行ったとし、昭和58年10月、契約を解除し（この間、Ｘは、合計7200万円を支払った）、同年12月、Ａ株式会社に建築工事を請け負わせ（工事代金は１億2000万円）、建物を完成させたため、ＸがＹに対して債務不履行に基づき増加工事費用、工事遅延による損害の損害賠償を請求した。

本件では、解除の効力、解除事由、損害が争点になった。

本判決は、Ｘの主張に係る瑕疵のうち５箇所に瑕疵があるとしたものの、修補が可能であるとし、民法543条に基づく解除としてはその効力を否定し、同法641条に基づく解除として、未完成部分について解除の効力を認め、未完成部分の債務不履行に基づく損害を認め、請求を認容した。

［88］東京地判平成５年10月５日判時1497号74頁

有料老人ホームを経営するＸ株式会社は、平成２年２月、建築土木工事の設計等を業とするＹ株式会社との間で、有料老人ホームの新築につき報酬１億2000万円で設計監理委託契約を締結し、報酬の一部3000万円をＹに支払い、ＸとＹは打ち合わせ等を行ったところ、ＸがＹに不信感を抱く等したことから、ＸがＹに対して関係官庁との調査打ち合わせを行わず、建物の完成が不可能になり、信頼関係が破壊された等と主張し、本件契約を解除し、支払済みの3000万円の返還を請求したのに対し、Ｙが反訴として根拠のない解除により本件契約の履行が不能になったと主張し、民法536条２項に基づき報酬の一部の支払を請求した。

本件では、履行不能の成否、Ｙの不履行によるＸの解除の当否、民法536条２項の適用の当否、出来高の算定が争点になった。

本判決は、Ｙの仕事は遅れがちであったものの、社会通念上仕事の完成が不可能になったとはいえないし、ＸとＹの信頼関係が破壊されたともいえないとし、本件解除の効力を否定し、Ｘが根拠のない解除により、Ｙの仕事の完成を不可能にしたとし、民法536条２項により、Ｙが報酬の残額の支払請求権を取得するが、出来高の範囲にとどまるとし、3000万円にとどまるものとし、本訴請求、反訴請求を棄却した。

[89] 東京地判平成８年６月21日判タ938号147頁

Ｘ株式会社は、平成４年１月、マンションの建築工事を計画していた$Ｙ_1$株式会社、$Ｙ_2$株式会社との間で、代金1353万円で建築設計・施工監理業務の請負契約を締結し、請負に係る業務を行っていたところ、マンションの建築計画が近隣の住民の反対運動により長期間進行しなかったことから、Ｘが請負契約を解除し、業務の53％を遂行したと主張し、$Ｙ_1$らに対して出来高に係る代金残額（既払金202万円を控除したもの）の支払を請求した。

本件では、業務の出来高の算定が争点になった。

本判決は、建設省の基準による報酬額の積算の方法等を排除し、独自の立場から遂行した業務が47.97％であると認め、算定し、請求を一部認容した。

[90] 東京地判平成８年７月16日判タ958号227頁

Ｘは、カラオケ店の経営を計画し、平成４年10月、音響機器の販売、飲食店の経営等を業とするＹ株式会社との間で、代金合計１億390万円、引渡検査日を定めてカラオケ施設（建物）の建築工事の請負、カラオケ機器の売買に関する契約を締結し（引渡日は、カラオケ店の最繁忙時期である忘年会シーズンに間に合うように定められた）、Ｙは、下請業者であるＡ有限会社（代表者はＢ）に建物の建築を下請けさせ、Ａが建築確認申請を行うこととなったが、Ｂが申請書添付書類である構造計算書の作成を怠ったことから、確認申請をすることができず、引渡検査日における建物の完成、引渡しが不可能になったため、Ｘは、契約を解除し、Ｙに対して既払代金の返還、損害賠償を請求したのに対し、Ｙが反訴として解除が注文者の解除権に基づくものであると主張し、カラオケ機器の販売による逸失利益の損害賠償を請求した。

本件では、確定期限の定めの有無、履行不能の成否、解除の効力、損害等が争点になった。

本判決は、引渡検査日が確定期限の定めであるとし、建築確認申請の遅れによって期限までの引渡しが不可能になったとして、履行代行者の責に帰すべき事由による履行不能であるとし、履行期到来前の解除の効力を認め、Ｘの本訴請求を認容し、Ｙの反訴請求を棄却した。

[91] 東京地判平成９年８月29日判時1634号99頁

Ｘ株式会社は、平成９年１月、Ｙ株式会社との間で、請負金額5400万円で建物の内装工事の請負契約を締結し、Ｙが工事に着手したが、別件の請負工事の代金の支払期限の１週間前になって、Ｘが支払方法の変更を提案したことから、Ｙは、本件工事代金の支払に疑念を持ち、約定どおりの支払を求めるとともに、本件工事を中止し、工事続行の意思のないことを通告したことから、Ｘが本件契約を解除し、Ｙに対して解除に伴う損害賠償を請求した。

本件では、工事中止の当否、債務不履行の成否、解除の効力等が争点になった。

本判決は、注文者が別件工事の約定の代金を支払わないことを理由に工事を中止したことが債務不履行に当たらないとし、請求を棄却した。

[92] 東京高判平成11年６月16日判タ1029号219頁

Ｘは、平成７年６月、土木建築業を営むＹ株式会社との間で、建物の建築請負契約を締結し、契約金103万円を支払ったところ、紛争が発生したため、ＸがＹに対して合意解除を主張し、契約金の返還を請求した。

本件では、請負契約の合意解除の成否が争点になった。

第一審判決は、合意解除の成立を認め、請求を認容したため、Ｙが控訴した（Ｘは、控訴審において注文者からの打ち合わせ又は面会の要求に応じなかったことを理由とする契約の解除も主張した）。

本判決は、Ｙの担当者がＸの妻との間でうちで建てていただかなくても結構ですなどと述べたことから合意解除を否定し、請負人が正当な理由なくして注文者からの打ち合わせ又は面会の要求に応じようとせず、それによって信頼関係が破壊されたと認められる場合は、注文者が契約を解除することができるとしたものの、本件では解除原因に当たる付随義務の不履行があるとはいえないとし、解除の効力を否定し、原判決中Ｙの敗訴部分を取り消し、Ｘの請求を棄却した。

[93] 東京地判平成18年６月27日判タ1285号171頁

建設業を営むＸ株式会社は、一般建設業の更新許可申請を怠り、許可を取り消されていたところ、平成15年５月23日、Ｙを勧誘し、Ｙとの間で、請負代金１億1428万6000円で４階建て鉄骨アパート兼住宅の建築請負契約を締結し、既存建物のエアコン等の取り壊し工事を行ったが、ＹがＸにつき商業登記の本店がなく、一般建設業の許可が失効していること等を知ったことから（Ｘは、下請代金が4500万円以上になるときは、特定建設業の許可を取る必要があったものの、その許可を得ていなかった）、本件契約を解除したため、ＸがＹに対して解除がＹの事由によると主張し、民法641条に基づき損害賠償を請求した。

本件では、Ｙの債務不履行の有無、錯誤無効の成否、民法641条による解除の当否が争点になった。

本判決は、Ｙの債務不履行、錯誤無効の主張を排斥し、本件解除はＹの事由によるものであるとし、民法641条によりＹの損害賠償責任を認め、請求を認容した。

[94] 名古屋地判平成18年９月15日判タ1243号145頁

Ｘは、平成15年３月、Ｙ株式会社との間で、Ｘ所有の土地（土地区画整理事業仮換地内の土地）上に、請負代金１億3923万円で３階建て店舗兼住宅の建築請負契約を締結し、Ｙが締結時に設計図面、仕様書を交付しないまま、工事に着手し、一方的に設計内容を変更する等したことから、Ｘは、平成15年９月、Ｙの債務不履行を理由に本件契約を解除し、Ｙに対して既払い金の返還を請求したのに対し、Ｙが反訴として約款31条１項による解除であると主張し、損害賠償を請求した。

本件では、Ｙの債務不履行の有無、解除の効力、約款31条１項の解除の成否、損害が争点になった。

本判決は、Ｙには調査不足から本件土地に対する法令上の制限に関する事実を誤認し、Ｘの意向にそぐわない設計をし、法令上の制限を知った後も制限内容の説明や設計変更を打診せず、設計図書、見積書等を速やかに交付せず、Ｘに無断で設計変更を行う等したものであり、ＸとＹとの間の信頼関係が破壊され、Ｘの契約の目的達成に重大な影響を与えているとし、債務不履行による解除の効力を認め、Ｘの本訴請求を認容し、Ｙの反訴請求を棄却した。

[95] 東京高判平成18年12月26日判タ1285号165頁

前記の［93］東京地判平成18年６月27日判タ1285号171頁の控訴審判決であり、Ｙが控訴した。

本件では、Ｙの債務不履行の有無、錯誤無効の当否、民法641条による解除の当否が争点になった。

本判決は、一般建設業の許可は信頼関係に影響を及ぼす事情ではあるものの、許可がなくなった理由は、更新手続を忘れた事務手続上の過失にすぎず、そのいきさつをＸに説明していること、特定建設業の許可の点はあってはならない行為であるが、取締法規違反の行為が直ちに私法上無効となるものではない等とし、信義則違反を理由とする本件契約の解除は認められないとし、民法641条による解除を認め、２割の過失相殺を認め、原判決を変更し、請求を認容した。

[96] 名古屋地判平成19年９月21日判タ1273号230頁

建築業者であるＸ株式会社は、平成11年５月、12月、Y_1、Y_2との間で、請負代金4830万円で２階建て建物の建築請負契約を締結し、同様に、Y_3との間で、請負代金3202万5000円で本件建物の車庫（本件建物の地階部分に車庫が建築されるものである）の建築請負契約を締結し、Ｘが工事に着手したものの、地階部分の擁壁工事の際、コンクリートの型枠が破裂し、打設中のコンクリートが流出する事故が発生し、工事が中止され、対策をめぐる紛争が発生する等し、Y_1らが中間金を支払わなかったことから、Ｘが本件各契約を解除し、Y_1らに対して損害賠償を請求したのに対し、Y_1らが反訴として建築途中の建物に欠陥があると主張し、本件各契約が履行不能であると主張し、本件各契約を解除し、建物の収去、土地の明渡しを請求した。

本件では、建築中の建物の欠陥の有無・程度、履行不能の有無、解除の効力等が争点になった。

本判決は、建築中の建物には柱、梁の鉄筋不足、柱と擁壁の接合部の強度不足、コールドジョイントの存在、構造クラックの存在等の重大な欠陥があるとし、工事途中であっても、瑕疵の程度等によっては、注文者は履行期が到来した報酬の支払を拒むことができるとし、Ｘの本訴請求を棄却し、Ｘが重大な瑕疵につき建替えを求められたものの、Ｘがこれを拒んだこと、竣工予定時から５年を経過しても未完成であること等から、Ｘの工事完成義務は社会通念上履行不能となり、Ｘに帰責事由がないとはいえないとし、Y_1らの反訴請求を認容した。

【参考裁判例】

請負人の担保責任によっても損害賠償責任が認められるが、損害賠償の範囲、損害の算定時等の問題も生じるところ、現行民法におけるこれらの問題に関する裁判例も参考になる。

[97] 仙台高判平成４年12月８日判時1468号97頁

Ｙは、建築業者であるＸ株式会社との間で、建物の建築請負契約を締結し、Ｘは、建物を完成し、引き渡し、Ｙは、本件建物で喫茶店等の飲食店を営業していたところ、昭和58年頃から雨漏りがするようになり、外壁に亀裂が発生する等していたことから、Ｘが残代金の支払を求めたのに対し、Ｙは、瑕疵を理由に支払を拒否し、遅くとも同年12月末頃までには瑕疵の修補を求めたが、Ｘはこれを拒否し、Ｙに対して残代金の支払を請求した（Ｙは、訴訟の係属中である昭和62年相殺の抗弁を主張した）。

本件では、瑕疵の有無、瑕疵の原因、瑕疵の修補に代わる損害賠償の損害額の算定時期、相殺の抗弁の当否が争点になった。

第一審判決は、請求を認容したため、Ｙが控訴した。

本判決は、雨漏り、外壁の亀裂の瑕疵を認め、これが工事に起因するものとした上、瑕疵の修補に代わる損害賠償の損害額は、請求から工事の完成まで６か月程度を要するとし、本件では修補を請求した昭和58年12月末頃から６か月を経過した時点を基準として算定するとし（補修工事費用の損害、休業損害を認めた）、損害賠償請求権との相殺を一部認め、原判決を変更し、請求を一部認容した。

[98] 東京地判平成19年10月11日判時1989号25頁

ホテル事業を営むＹ有限会社は、平成14年２月、建設業者であるＸ株式会社との間で、請負代金２億4675万円、完成引渡時平成15年３月とする地上９階建て、地下１階建て建物の建築請負契約を締結し、Ｘは、当初の予定工期から約５か月遅滞して進行し、平成15年12月、完成の上、Ｙに引き渡したが、Ｙが引渡しの遅れ、瑕疵を主張し、請負残代金の支払を拒んだため、ＸがＹに対して請負残代金（追加工事分も含む）、中間金の支払遅延による違約金の支払を請求したのに対し、Ｙが反訴として工事遅延による違約金、瑕疵に係る損害金の支払を請求した。

本件では、中間金の支払遅延による違約金の発生の有無、工事遅延による違約金の発生の有無、瑕疵の有無・程度が争点になった。

本判決は、中間金の支払遅延による違約金については、工事の遅延、瑕疵の存在があり、中間金を約定の期日に支払わなかったとしても、公平の観点から中間金を支払わなくても違法ではない等とし、本件建物の瑕疵を認め、Ｘの本訴請求を棄却し、Ｙの反訴請求を認容した。

【参考裁判例】

請負人の担保責任に基づく損害賠償責任における損害の種類、範囲については、相当因果関係の法理の適用を否定する理由はないし、仕事の目的物が営業用のものである場合には、営業上の逸失利益も含まれ得るほか、瑕疵が重大である場合には、仕事の目的物の取壊・撤去費用、再度の完成費用（建替費用）も含まれ得るということができる。従来の裁判例においては、新築住宅の瑕疵による損害賠償の中に慰謝料が含まれ得るかが問題になることがあり、特別の事情がある場合には、これを肯定する裁判例も見られるところであり（他方、これを否定する裁判例も見られる）、このような裁判例としては、次のようなものがある。

[99]　東京地判平成３年６月14日判時1413号78頁

Ｘは、昭和61年10月、Y_1有限会社（代表者はY_2）との間で、自宅である建物の建築につき代金1600万円で請負契約を締結し、Y_1は、建物を建築し、昭和62年３月、建物をＸに引き渡したところ、Ｘは、車庫が自動車の出入庫できない等の瑕疵を指摘し、修補を請求する等したものの、Y_1が応じなかったことから、ＸがY_1に対して担保責任、債務不履行責任、不法行為責任に基づき、Y_2に対して保証契約に基づき損害賠償を請求したのに対し、Y_1が反訴としてＸに対して残代金の支払を請求した。

本件では、完成の成否、瑕疵の有無・内容、注文者の指図の有無、損害額、保証契約の成否、徐斥期間の経過等が争点になった。

本判決は、当初予定された最終の工程まで一応終了し、建物が社会通念上建物として完成されたとし、完成を認め、敷地面積や前面道路との関係で車庫を建築することに相当の無理があったのに、Y_1が車庫の建築を保証し、実現できなかった瑕疵があるとし、Ｘの希望は指図とはいえないとし、建替えを前提とする諸費用の損害を否定し、建物の価値の減少に関する立証をしないとしたものの、慰謝料として90万円の損害を認め、Y_1の担保責任又は不法行為責任を認め、Y_2の保証契約を認め、さらに建物の引渡後１年以内に修補請求がされている等とし（有効に行使された瑕疵修補請求権は、その後、消滅時効が完成するまで存続するとした）、Ｘの本訴請求を認容し、Y_1の反訴請求を認容した。

[100]　東京地判平成３年12月25日判時1434号90頁

X_1、X_2は、ペンションの経営を計画し、昭和59年８月、建築業者であるY_1株式会社（代表者はY_2）を請負人とし、Y_2を監理技師とし、ペンション兼住宅の建築につき代金2972万円で請負契約を締結し、Y_1が建物を建築して完成し、昭和60年５月、X_1らに建物を引き渡し、ペンションを営業したところ、梅雨期を迎え、１階の床面、壁に雨水が浸入し、畳等が腐食する等したことから、同年７月以降、瑕疵の修補を請求したものの、Y_1が工事をしなかったため、X_1らがY_1らに対して担保責任、不法行為責任に基づき損害賠償を請求した。

本件では、瑕疵の有無・箇所・程度、損害が争点になった。

本判決は、１階床、壁面への浸水は土間コンクリートの布基礎とその上に乗せられた木材との間に水切り処理がされず、土間コンクリートの上に直接畳等が置かれたため、毛細管現象が生じたことによる等とし、重大な工事瑕疵を認め、雨漏りによる瑕疵も認め、瑕疵担保責任、不法行為責任を肯定し、瑕疵の補修工事費用、引越費用等の損害、慰謝料（300万円）を認め、請求を認容した。

[101] 福岡高判平成11年10月28日判タ1079号235頁

Ｘは、平成５年５月、建築業者であるＹとの間で、代金1865万円で建物の建築請負契約を締結し、Ｙは、自ら建物を設計し、建物を完成し、Ｘに引き渡したが、Ｘが建物の瑕疵を指摘し、残代金の支払を拒絶し、Ｙが修補に応じなかったことから、ＸがＹに対して床の傾き、サッシの型枠の取付不良等の瑕疵を主張し、担保責任、不法行為に基づき損害賠償を請求したのに対し、Ｙが反訴として残代金の支払を請求した。

本件では、建物の瑕疵の有無・程度、損害が主として争点になった。

第一審判決は、本訴請求を一部認容し、反訴請求を全部認容したため、Ｙが控訴し、Ｘが附帯控訴した。

本判決は、建築工事の請負人は、故意によるか、又は瑕疵が居住者の健康等に重大な影響を及ぼすなど、反社会性、反倫理性が強い場合には、不法行為責任を負うとし、本件では不法行為は認められないとし、建物に瑕疵があり、修補工事代金、慰謝料（50万円）、弁護士費用（80万円）の損害を認め、原判決を変更し、Ｘの本訴請求を一部認容した。

[102] 札幌地小樽支部判平成12年２月８日判タ1089号180頁

Y_1、Y_2は、平成５年６月、建築業者であるＸ株式会社との間で、代金1950万円で木造建物の建築請負契約を締結し、Ｘは、同年10月、建物を完成し、Y_1らに引き渡したが、Y_1らが残代金等を支払わなかったため、ＸがY_1らに対して残代金等の支払を請求したのに対し、Y_1らが建物には多数の瑕疵があると主張し、損害賠償請求権との相殺を主張するとともに、反訴として相殺後の残損害賠償の支払を請求した。

本件では、瑕疵の有無・程度、損害が争点になった。

本判決は、大引、梁の中に必要な断面寸法に達しないものがあり、建物自体のひずみが生じている構造上の瑕疵、１階和室全体にゆがみがあり、雨漏り、床鳴り、１階床下の断熱材の落下の危険、１階居間の出窓が水平になっていないこと、契約の内容と異なっているところ等が認められるとし、瑕疵を認め、財産上の損害728万7965円、慰謝料100万円を認め、一部相殺を肯定し、本訴請求を一部認容し、反訴請求を一部認容した。

［103］長崎地大村支部判平成12年12月22日判タ1109号166頁

Ｘは、平成８年３月、Y_1株式会社（代表者はY_2）との間で、木造セメント瓦葺き２階建て建物・居宅兼診療所を請負代金3715万円で建築請負契約を締結し、Y_1は、建物を完成し（Y_1の一級建築士はY_3）、同年６月、建物を引き渡し、Ｘは、本件建物の１階を診療所、２階を自宅として使用していたが、その後間もなく、２階バルコニーが垂れ下がり、雨漏りがする等したことから、建築士らに欠陥調査を依頼したところ、基礎構造、壁構造、木構造に欠陥があることが判明し、建て替えるほか相当な補修方法がないとの評価を得たため、ＸがY_1に対して民法634条、Y_2、Y_3に対しては民法709条に基づき損害賠償を請求した。

本件では、瑕疵の程度、損害が主な争点になった。

本判決は、基礎構造、壁構造、木構造に多岐な欠陥があり、これを補修するには大半の部分で解体施工することが必要であり、結局、取り壊して建て替える方法によるほかないとし、Y_2、Y_3、さらにY_1の不法行為責任を肯定し、建替費用、建替中の建物の賃料、引越費用、欠陥調査鑑定費用、慰謝料、弁護士費用の損害を認め、請求を認容した。

【参考裁判例】

請負人の損害賠償責任が追及された場合には、損害賠償の中に、弁護士費用も含まれるかが問題になることがある。不法行為に基づく損害賠償責任においては、損害額の10％程度の弁護士費用につき損害賠償が認められることが通常であるところ、他の法的な根拠に基づく損害賠償の場合には、原則としては認められないのが実情である。債務不履行に基づく損害賠償の場合には、弁護士費用が損害として認められるべきかは議論があるところであり、不法行為と競合する債務不履行の場合には、これを肯定する見解がある。請負人の担保責任に基づく損害賠償責任の場合には、理論的にはこれを否定する見解が相当であるが、これを肯定する裁判例としては、次のようなものがある。

[104] 福岡高判平成11年10月28日判タ1079号235頁

Xは、平成5年5月、建築業者であるYとの間で、代金1865万円で建物の建築請負契約を締結し、Yは、自ら建物を設計し、建物を完成し、Xに引き渡したが、Xが建物の瑕疵を指摘し、残代金の支払を拒絶し、Yが修補に応じなかったことから、XがYに対して床の傾き、サッシの型枠の取付不良等の瑕疵を主張し、担保責任、不法行為に基づき損害賠償を請求したのに対し、Yが反訴として残代金の支払を請求した。

本件では、建物の瑕疵の有無・程度、損害が主として争点になった。

第一審判決は、本訴請求を一部認容し、反訴請求を全部認容したため、Yが控訴し、Xが附帯控訴した。

本判決は、建築工事の請負人は、故意によるか、又は瑕疵が居住者の健康等に重大な影響を及ぼすなど、反社会性、反倫理性が強い場合には、不法行為責任を負うとし、本件では不法行為は認められないとし、建物に瑕疵があり、修補工事代金、慰謝料（50万円）、弁護士費用（80万円）の損害を認め、原判決を変更し、Xの本訴請求を一部認容した。

[105] 長崎地大村支部判平成12年12月22日判タ1109号166頁

Xは、平成8年3月、Y_1株式会社（代表者はY_2）との間で、木造セメント瓦葺き2階建て建物・居宅兼診療所を請負代金3715万円で建築請負契約を締結し、Y_1は、建物を完成し（Y_1の一級建築士はY_3）、同年6月、建物を引き渡し、Xは、本件建物の1階を診療所、2階を自宅として使用していたが、その後間もなく、2階バルコニーが垂れ下がり、雨漏りがする等したことから、建築士らに欠陥調査を依頼したところ、基礎構造、壁構造、木構造に欠陥があることが判明し、建て替えるほか相当な補修方法がないとの評価を得たため、XがY_1に対して担保責任、Y_2、Y_3に対しては民法709条に基づき損害賠償を請求した。

本件では、瑕疵の程度、損害が主な争点になった。

本判決は、基礎構造、壁構造、木構造に多岐な欠陥があり、これを補修するには大半の部分で解体施工することが必要であり、結局、取り壊して建て替える方法によるほかないとし、Y_2、Y_3、さらにY_1の不法行為責任を肯定し、建替費用、建替中の建物の賃料、引越費用、欠陥調査鑑定費用、慰謝料、弁護士費用の損害を認め、請求を認容した。

[106]　最三判平成14年９月24日判時1801号77頁

Ｘは、Ｙ株式会社に代金4352万2000円で木造ステンレス鋼板葺２階建て建物（三世代居住用住宅）を注文し、Ｙが建物を完成し、引き渡したところ、建物全体にわたって多数の欠陥個所が存在し、主要な構造部分の安全性、耐久性に重大な影響を及ぼす欠陥が見られたため、ＸがＹに対して担保責任等に基づき建物の建替費用等の損害賠償を請求した。

本件では、民法635条但書に照らし、建物の建替費用の損害賠償が認められるかが主な争点になった。

第一審判決は、本件建物には重大な瑕疵があり、立て直す必要があるとし、建替費用相当額等の損害につき請求を認容した。

控訴審判決は、同様に建替費用相当額の損害賠償を認め、引越費用、代替住居の借賃、弁護士費用等の損害も認め、本件建物の居住によってＸが受けた利益を控除し、請求を認容したため、Ｙが上告受理を申し立てた。

本判決は、建物の建替費用相当額の損害賠償を認めたとしても、民法635条但書の趣旨に反するものではないとし、上告を棄却した。

なお、前記【参考判例】の⑭も参照。

【参考裁判例】

債務不履行、不法行為に基づく損害賠償額の算定に当たっては、被害者の過失がある場合には、過失相殺がされ、損害賠償額の全部又は一部の減額がされることがあるが（現行民法418条、722条２項。なお、厳密に被害者の過失に当たらない場合であっても、最高裁の判例上、公平の原則から被害者側の落ち度、事情を考慮して過失相殺の法理の類推適用をすることも認められている）、請負人の担保責任に基づく損害賠償の場合には、このような規定が見当たらないことから、過失相殺が認められるかが議論されているが、これを肯定する裁判例としては、次のようなものがある。

[107]　京都地判平成４年12月４日判時1476号142頁

Ｘは、賃貸マンションの経営を計画し、昭和63年５月、Ｙ株式会社との間で、５階建て共同住宅につき代金２億2000万円（後日、２億1660万円に変更）で建築請負契約を締結し、Ｙが建物を完成し、引き渡したところ、ＹがＡ株式会社に施工させた汚水管設備にＴ字型の継ぎ手が用いられていたこと等から汚水が逆流する等の事態が多数回発生したため、ＸがＹに対して担保責任に基づき修補に代わる損害賠償を請求した。

本件では、瑕疵の有無・程度、注文者の指示、損害が争点になった。

本判決は、汚水管の設置は、Ｘが設計等を委託したＢの指示によるものであり、Ｙ、Ａ、Ｂの協議によって設置したものであり、強い指示であるとはいえず、Ｙは担保責任を免れないとしたが、専門家であるＢの設計不備の責任までＹが負うとはいえないとし、民法536条の法意により５割の過失相殺をし、請求を認容した。

[108] 福岡高判平成17年１月27日判タ1198号182頁

Ｘは、平成５年11月、大工Ｙとの間で、請負代金2090万円で２階建て建物の建築請負契約を締結し、Ｙが建物を完成し、引き渡したが、平成10年頃、本件建物の基礎にひび割れが生じ、本件建物が不同沈下していることが判明したため、ＸがＹに対して敷地の地盤対策が不十分であったと主張し、主位的に不法行為に基づき、予備的に担保責任に基づき損害賠償を請求した。

本件では、不同沈下の原因、不法行為の成否、瑕疵担保責任の成否等が争点になった。

第一審判決（福岡地判平成15年12月15日判タ1198号187頁）は、不同沈下の原因は、Ｙが敷地に地盤対策を行うことなく基礎を築いたためであるとし、Ｙの不法行為を認め（補修工事費用、調査費用の損害を認めた）、請求を一部認容したため、Ｙが控訴し、Ｘが附帯控訴した（Ｙは、新たに過失相殺を主張した）。

本判決は、Ｙが事犯調査をしなかったのは義務違反であるとし、不法行為を認めた上、民法722条２項の類推適用により、全損害額から４割を減じ、控訴に基づき原判決を変更し、請求を一部認容し、附帯控訴を棄却した。

[109] 東京高判平成18年12月26日判タ1285号165頁

建設業を営むＸ株式会社は、一般建設業の更新許可申請を怠り、許可を取り消されていたところ、平成15年５月23日、Ｙを勧誘し、Ｙとの間で、請負代金１億1428万6000円で４階建て鉄骨アパート兼住宅の建築請負契約を締結し、既存建物のエアコン等の取り壊し工事を行ったが、ＹがＸにつき商業登記の本店がなく、一般建設業の許可が失効していること等を知ったことから（Ｘは、下請代金が4500万円以上になるときは、特定建設業の許可を取る必要があったものの、その許可を得ていなかった）、本件契約を解除したため、ＸがＹに対して解除がＹの事由によると主張し、民法641条に基づき損害賠償を請求した。

本件では、Ｙの債務不履行の有無、錯誤無効の当否、民法641条による解除の当否が争点になった。

第一審判決（東京地判平成18年６月27日判タ1285号171頁）は、Ｙの債務不履行、錯誤無効の主張を排斥し、本件解除はＹの事由によるものであるとし、民法641条により、Ｙの損害賠償責任を認め、請求を認容したため、Ｙが控訴した。

本判決は、一般建設業の許可は信頼関係に影響を及ぼす事情ではあるものの、許可がなくなった理由は、更新手続を忘れた事務手続上の過失にすぎず、そのいきさつをＸに説明していること、特定建設業の許可の点はあってはならない行為であるが、取締法規違反の行為が直ちに私法上無効となるものではない等とし、信義則違反を理由とする本件契約の解除は認められないとし、民法641条による解除を認め、２割の過失相殺を認め、原判決を変更し、請求を認容した。

【参考裁判例】

最後に相殺の当否が問題になった裁判例を紹介するが、現行民法においては、相殺は実質的に報酬減額請求として機能してきたところであり、改正民法においては、現行民法の時期のように活用されないものと推測されるが、請負代金をめぐる紛争において相殺自体が利用される可能性は残っている。

[110] 仙台高判平成４年12月８日判時1468号97頁

Ｙは、建築業者であるＸ株式会社との間で、建物の建築請負契約を締結し、Ｘは、建物を完成し、引き渡し、Ｙは、本件建物で喫茶店等の飲食店を営業していたところ、昭和58年頃から雨漏りがするようになり、外壁に亀裂が発生する等していたことから、Ｘが残代金の支払を求めたのに対し、Ｙは、瑕疵を理由に支払を拒否し、遅くとも同年12月末頃までには瑕疵の修補を求めたが、Ｘはこれを拒否し、Ｙに対して残代金の支払を請求した（Ｙは、訴訟の係属中である昭和62年相殺の抗弁を主張した）。

本件では、瑕疵の有無、瑕疵の原因、瑕疵の修補に代わる損害賠償の損害額の算定時期、相殺の抗弁の当否が争点になった。

第一審判決は、請求を認容したため、Ｙが控訴した。

本判決は、雨漏り、外壁の亀裂の瑕疵を認め、これが工事に起因するものとした上、瑕疵の修補に代わる損害賠償の損害額は、請求から工事の完成まで６

か月程度を要するとし、本件では修補を請求した昭和58年12月末頃から６か月を経過した時点を基準として算定するとし（補修工事費用の損害、休業損害を認めた）、損害賠償請求権との相殺を一部認め、原判決を変更し、請求を一部認容した。

[111] 福岡高判平成９年11月28日判時1638号95頁

Ｙは、平成５年２月頃、建築業を営むＸとの間で、木造瓦葺平屋建て建物につき請負代金3741万円で建築請負契約を締結し、同年12月、Ｘが建物を完成し、Ｙに引き渡したが、Ｙが瑕疵を指摘し、工事代金のうち1325万円を支払わなかったため、ＸがＹに対して残代金の支払を請求した。

本件では、瑕疵の有無・程度、損害賠償債権との相殺の当否、同時履行の抗弁の当否等が争点になった。

第一審判決は、瑕疵を認め（46万円余）、その範囲で相殺を認め、残額の残代金の支払、遅延損害金の支払請求を認容したため、Ｙが控訴した。

本判決は、46万円余の瑕疵の存在を理由に1325万円の支払につき同時履行の抗弁を主張することは信義則上許されないとし、遅延損害金は約定の弁済期から履行遅滞になるとし、控訴を棄却した。

[112] 札幌地小樽支部判平成12年２月８日判タ1089号180頁

Y_1、Y_2は、平成５年６月、建築業者であるＸ株式会社との間で、代金1950万円で木造建物の建築請負契約を締結し、Ｘは、同年10月、建物を完成し、Y_1らに引き渡したが、Y_1らが残代金等を支払わなかったため、ＸがY_1らに対して残代金等の支払を請求したのに対し、Y_1らが建物には多数の瑕疵があると主張し、損害賠償請求権との相殺を主張するとともに、反訴として相殺後の残損害賠償の支払を請求した。

本件では、瑕疵の有無・程度、損害、相殺の当否が争点になった。

本判決は、大引、梁の中に必要な断面寸法に達しないものがあり、建物自体のひずみが生じている構造上の瑕疵、１階和室全体にゆがみがあり、雨漏り、床鳴り、１階床下の断熱材の落下の危険、１階居間の出窓が水平になっていないこと、契約の内容と異なっているところ等が認められるとし、瑕疵を認め、財産上の損害728万7965円、慰謝料100万円を認め、一部相殺を肯定し、本訴請求を一部認容し、反訴請求を一部認容した。

[113] 東京高判平成16年６月３日金融・商事判例1195号22頁

内装工事業者であるＸは、平成13年３月、Ｙとの間で、報酬580万円で建物の内装工事を請け負い、追加工事を含め、工事を完成したと主張し、残報酬の支払を求めたが、Ｙが工事の瑕疵を理由に残報酬の支払を拒否したため、ＸがＹに対して残報酬の支払を請求し、Ｙが瑕疵修補に代わる損害賠償を受けるまでは報酬の支払を拒否する旨の同時履行の抗弁を主張し、Ｘが報酬債権との相殺を主張した。

本件では、瑕疵の有無・程度、同時履行の抗弁の成否、相殺の当否が争点になった。

第一審判決は、本工事全部の完成、追加工事の一部完成を認め、弁済額200万円の残額443万1938円の報酬請求権の認める一方、瑕疵修補に代わる438万8826円の損害賠償請求権も認め、ＸがＹに瑕疵修補に代わる438万8826円を支払うのと引換えに請求を認容したため、Ｘが控訴し、報酬債権と損害賠償請求権との相殺を主張した。

本判決は、報酬債権の残額が457万7892円、瑕疵瑕疵修補に代わる損害賠償204万6284円を認めた上、請負人が報酬債権を自働債権とし、注文者の瑕疵修補に代わる損害賠償請求権を受働債権として対当額において相殺することができるとし、原判決を変更し、請求を一部認容した。

［114］大阪地判平成16年９月29日判タ1191号277頁

Ｙ株式会社は、大手鋼板メーカーであるＡ株式会社から、鋼板の加工設備の建設工事を受注していたところ、Ｘ株式会社は、Ｙから下請けとして、建設工事のうち既存建物の解体工事、工場建物の建築工事、機械の基礎工事、外構工事を受注し、追加工事を含めて施工し（追加工事の請負契約の成否は争点になっている）、完成後、引き渡したが、Ｙが瑕疵等を理由に残代金の支払を拒否したことから、ＸがＹに対して請負残代金の支払、Ｙの基本図面の提出遅滞に係る債務不履行に基づく損害賠償を請求した。

本件では、追加工事請負契約の成否、瑕疵の有無・程度、債務不履行の有無、相殺の当否が争点になった。

本判決は、追加工事請負契約の成立を否定し、Ｙが基本図面の期間内に提出することを怠り、Ｘが工期に間に合わせるために通常予想される範囲を超えた工事（突貫工事）を行うことを余儀なくされたとし、Ｙの債務不履行を認め、Ｘの行った基礎工事には高さ不良等の瑕疵があったとし、Ｙによる瑕疵修補に代わる損害賠償債権との相殺を認め、請求を一部認容した。

［115］大阪地判平成25年２月26日判タ1389号193頁

建築業者であるＸ株式会社は、平成20年６月、不動産業を営むY_1株式会社との間で、請負代金19億5300万円で鉄筋コンクリート造陸屋根14階建て建物の建築請負契約を締結し、追加変更工事を経て、平成21年10月、Xは建物を建築し、Yに引き渡したが、本件建物に多数の瑕疵があり、Y_1が請負残代金の支払を拒否したため、XがY_1に対して残代金の支払を求めたのに対し、Y_1が多数の瑕疵を主張し、Xに対して担保責任、不法行為、Xの取締役Y_2ないしY_5に対して会社法429条1項、Xの従業員Y_6らに対して不法行為、Xの親会社であるY_7株式会社に対して保証契約、共同不法行為に基づき損害賠償を請求した。

本件では、瑕疵の有無・程度、各責任の成否、損害、瑕疵修補に代わる損害賠償債権との相殺の当否等が争点になった。

本判決は、本件建物につき多数の瑕疵を認め、また、欠陥現象から瑕疵を推認し（専門委員の説明が弁論の全趣旨として事実認定の根拠とした）、相殺を認め、Xの請求を一部認容し、Yの請求を棄却した。

[116] 名古屋高判平成27年5月13日判時2266号61頁

Xは、鉄骨造2階建て建物の建築工事を、建築工事業を営むY株式会社に代金600万円で注文し、Yが施工し、引き渡したところ（代金の一部は未払いであった）、XがYに対して本件建物に重大な瑕疵があり（仕口にダイアフラムが施工されていない、使用された鋼材の板厚が不足している等の瑕疵）、建替えが必要である等と主張し、担保責任、不法行為責任等に基づき損害賠償を請求した（Yは、残代金債権との相殺も主張した）。

本件では、建物の瑕疵の有無・程度、損害、相殺の当否等が争点になった。

第一審判決は、本件建物には設計図書で定められた内ダイアフラム（又はこれに代わるハンチ）が施工されていないこと等の瑕疵があり、鋼材の板厚は契約で定められた寸法に若干不足するものの、その不足の程度は日本工業規格による許容される誤差の範囲内であるとして瑕疵を否定し、構造計算上の耐力に問題はなく、建替えの必要性までは認められない等とし、損害額が約106万円であるところ、残代金が200万円であり、Yの主張に係る相殺により損害賠償請求権が消滅したとし、請求を棄却したため、Xが控訴した（Xは、控訴審において予備的請求を追加した）。

本判決は、設計図書に記載された内ダイアフラムをそのまま施工するとかえって構造耐力上の支障を生じることがあり、ハンチ又はリブプレートを設置するのが建築業界の一般的理解であるところ、本件では仕口にリブプレートが設置されているし、鋼材の板厚は、契約で定められた寸法に若干不足するが、多少の誤差があっても許容され、XとYが多少の誤差も許さないほど厳格に板厚を約定する等していないから瑕疵に当たるとはいえない等とし、控訴、予備的請求を棄却した。

6 改正民法636条（請負人の担保責任の制限）【現行民法636条（請負人の担保責任に関する規定の不適用）】

(1) 改正民法636条は、前記4、5において説明したとおり、請負人の担保責任について債務不履行責任に一元化し、その多くの内容を改正民法の債務不履行等の一般規定、売買の担保責任に関する規定に委ねることとしたことから、改正民法の請負に関する規定としては、請負人の担保責任に特有の規定を設けるものである。

改正民法636条は、この意味で、請負人の担保責任の制限を設けるものであり、その内容は次のとおりである。

【改正民法】

（請負人の担保責任の制限）

第636条 請負人が種類又は品質に関して契約の内容に適合しない仕事の目的物を注文者に引き渡したとき（その引渡しを要しない場合にあっては、仕事が終了した時に仕事の目的物が種類又は品質に関して契約の内容に適合しないとき）は、注文者は、注文者の供した材料の性質又は注文者の与えた指図によって生じた不適合を理由として、履行の追完の請求、報酬の減額の請求、損害賠償の請求及び契約の解除をすることができない。ただし、請負人がその材料又は指図が不適当であることを知りながら告げなかったときは、この限りでない。

(2) 改正民法においては、前記4、5のとおり、請負に関する規定の中には、積極的に請負人の担保責任を定める規定を設けるものではなく、基本的な内容は債務不履行責任等の一般規定、売買の担保責任に関する規定に委ねるものであり、改正民法636条は、この基本的な考え方を前提とし、請負人の担保責任の制限に関する特有の規定を定めるものである。

(3) 改正民法636条は、現行民法634条、635条の削除に伴う改正でもある。

(4) 改正民法636条は、請負人の担保責任について、まず、その要件を明らかにするものである。請負人の担保責任は、①請負人が種類又は品質に関して契約の内容に適合しない仕事の目的物を注文者に引き渡したとき、又は、②その引渡しを要しない場合にあっては、仕事が終了した時に仕事の目的物が種類又は品質に関して契約の内容に適合しないときに、認められるものである。

改正民法における請負人の担保責任は、現行民法の仕事の目的物の瑕疵という要件を変更し、前記の①又は②の要件を採用している。この要件は、仕事の目的物の契約不適合ということができる。実際に仕事の目的物の瑕疵と仕事の目的物の契約不適合との違いがどの程度あるかは、今後の改正民法の請負人の担保責任の適用、裁判例の動向を見守ることが必要であるが、さほどないと予想することができることは、前記５において説明したとおりである。

⑸　前記⑷の要件の下において認められる請負人の担保責任の法的な効果については、前記❺で説明したとおり、注文者としては、①履行の追完の請求、②報酬の減額の請求、③損害賠償の請求、④契約の解除をする権利を取得することができることは、改正民法の債務不履行責任等の一般規定、売買の担保責任に関する規定によって認められるものである。

注文者が請負人の担保責任に基づき、請負人に対してこれらの権利を行使する場合、その要件は、注文者が立証責任を負うものである。

⑹　改正民法636条は、前記⑷、⑸で説明した意味の請負人の担保責任について、その法的な責任に対する制限を設けるものである。

注文者は、請負人の担保責任が認められる場合であっても、注文者の供した材料の性質又は注文者の与えた指図によって生じた不適合を理由とする履行の追完の請求、報酬の減額の請求、損害賠償の請求及び契約の解除をすることができない。改正民法636条は、注文者の供した材料の性質又は注文者の与えた指図によって生じた不適合である場合には、注文者は、①履行の追完の請求、②報酬の減額の請求、③損害賠償の請求、④契約の解除をすることができないとし、請負人の担保責任の免責を定めているものである。

仕事の目的物が注文者の供した材料の性質又は注文者の与えた指図によって生じた不適合であることは、請負人の担保責任を争う請負人が立証責任を負うことになる。

なお、現行民法636条にも同様な規定が設けられていたところであり、民法の改正による実質的な変更はないものである。現行民法636条の規定は、次のとおりである。

【現行民法】

（請負人の担保責任に関する規定の不適用）

第636条　前二条の規定は、仕事の目的物の瑕疵が注文者の供した材料の性質又は注文者の与えた指図によって生じたときは、適用しない。ただし、請負人がその材料又は指図が不適当であることを知りながら告げなかったときは、この限りでない。

(7)　注文者と請負人は、自ら、あるいは設計に関与する建築士、アドバイザー等を介して仕事の目的物の設計、仕様等を具体化し、請負契約の内容を交渉し、請負契約を締結した上、実際に請負人が契約を履行するに当たっても、自ら、あるいは建築士等を介して様々な注文を出したり、注文者が仕事の目的物のために様々な材料を提供することがある。改正民法636条所定の「注文者の供した材料の性質」は分かりやすい要件であるものの、「注文者の与えた指図」は、どの程度の注文、要望、指示がされた場合に「指図」に当たるかが必ずしも明らかではないため、争われる可能性が相当にある。現行民法の実務においては、仕事の目的物の瑕疵の有無が争われる場合、瑕疵が注文者の与えた指図によって生じたかが併せて争われることがあったところであるが、仕事の目的物の契約不適合を要件とする改正民法の実務においてもこの傾向は続くものと予想される。

(8)　請負人によって仕事の目的物が注文者の供した材料の性質又は注文者の与えた指図によって生じた不適合であることが主張され、あるいは立証されたとしても、請負人がその材料又は指図が不適当であることを知りながら告げなかったときは、請負人は、前記(6)で説明した請負人の担保責任の免責を享受することができないと定められている（改正民法636条ただし書。なお、現行民法636条ただし書も同旨の規定である）。

請負人がその材料又は指図が不適当であることを知りながら告げなかったことについては、請負人の担保責任を主張する注文者が立証責任を負う事項である。

◘この分野の参考裁判例としては、次のものがある。

【参考裁判例】

［117］ 東京地判平成３年６月14日判時1413号78頁

Ｘは、昭和61年10月、Y_1有限会社（代表者はY_2）との間で、自宅である建物の建築につき代金1600万円で請負契約を締結し、Y_1は、建物を建築し、昭和62年３月、建物をＸに引き渡したところ、Ｘは、車庫が自動車の出入庫できない等の瑕疵を指摘し、修補を請求する等したものの、Y_1が応じなかったことから、ＸがY_1に対して担保責任、債務不履行責任、不法行為責任に基づき、Y_2に対して保証契約に基づき損害賠償を請求したのに対し、Y_1が反訴としてＸに対して残代金の支払を請求した。

本件では、完成の成否、瑕疵の有無・内容、注文者の指図の有無、損害額、保証契約の成否、徐斥期間の経過等が争点になった。

本判決は、当初予定された最終の工程まで一応終了し、建物が社会通念上建物として完成されたとし、完成を認め、敷地面積や前面道路との関係で車庫を建築することに相当の無理があったのに、Y_1が車庫の建築を保証し、実現できなかった瑕疵があるとし、Ｘの希望は指図とはいえないとし、建替えを前提とする諸費用の損害を否定し、建物の価値の減少に関する立証をしないとしたものの、慰謝料として90万円の損害を認め、Y_1の瑕疵担保責任又は不法行為責任を認め、Y_2の保証契約を認め、さらに建物の引渡後１年以内に修補請求がされている等とし（有効に行使された瑕疵修補請求権は、その後、消滅時効が完成するまで存続するとした）、Ｘの本訴請求を認容し、Y_1の反訴請求を認容した。

［118］ 京都地判平成４年12月４日判時1476号142頁

Ｘは、賃貸マンションの経営を計画し、昭和63年５月、Ｙ株式会社との間で、５階建て共同住宅につき代金２億2000万円（後日、２億1660万円に変更）で建築請負契約を締結し、Ｙが建物を完成し、引き渡したところ、ＹがＡ株式会社に施工させた汚水管設備にＴ字型の継ぎ手が用いられていたこと等から汚水が逆流する等の事態が多数回発生したため、ＸがＹに対して担保責任に基づき修補に代わる損害賠償を請求した。

本件では、瑕疵の有無・程度、注文者の指示、損害が争点になった。

本判決は、汚水管の設置は、Ｘが設計等を委託したＢの指示によるものであり、Ｙ、Ａ、Ｂの協議によって設置したものであり、強い指示であるとはいえず、Ｙは担保責任を免れないとしたが、専門家であるＢの設計不備の責任までＹが負うとはいえないとし、民法536条の法意により５割の過失相殺をし、請求を認容した。

7 改正民法637条（目的物の種類又は品質に関する担保責任の期間の制限）【現行民法637条（請負人の担保責任の存続期間）】

(1) 改正民法637条は、目的物の種類又は品質に関する担保責任の期間の制限に関する規定である。

現行民法637条は、請負人の担保責任の存続期間に関する規定であり、次のとおりの規定であった。

【現行民法】

（請負人の担保責任の存続期間）

第637条　前三条の規定による瑕疵の修補又は損害賠償の請求及び契約の解除は、仕事の目的物を引き渡した時から１年以内にしなければならない。

２　仕事の目的物の引渡しを要しない場合には、前項の期間は、仕事が終了した時から起算する。

(2) 改正民法637条は、現行民法637条の見出し（「請負人の担保責任の存続期間」）を「目的物の種類又は品質に関する担保責任の期間の制限」と変更した上、次のとおり定めている。

【改正民法】

（目的物の種類又は品質に関する担保責任の期間の制限）

第637条　前条本文に規定する場合において、注文者がその不適合の事実を知った時から１年以内にその旨を請負人に通知しないときは、注文者は、その不適合を理由として、履行の追完の請求、報酬の減額の請求、損害賠償の請求及び契約の解除をすることができない。

２　前項の規定は、仕事の目的物を注文者に引き渡した時（その引渡しを要しない場合にあっては、仕事が終了した時）において、請負人が前項の不適合を知り、又は重大な過失によって知らなかったときは、適用しない。

(3) 法律の条文に付されている見出しは、その規定の趣旨・内容を簡潔に表現するものであり、条文の趣旨・内容を理解する重要な情報である。改正民法637条の見出しと現行民法のそれを比較すると、一見すると同じ趣旨・内容であるという印象を受けるが、異なるものと解することができる。現行民法637条の見出しは、同条が請負人の担保責任の存続期間そのものを規定する趣旨を表現しているが、規定の内容をみると、瑕疵修補請求権、損害賠償請求権、契約の解除権の存続期間は民法の別の規定によって定められているものであり、同条に規定されているわけではない。改正民法637条は、１年間の期間を定めるものであるが、この期間は、これらの権利を保全する期間、あるいは権利行使を制限する期間を定めていると解することができる。改正民法637条は、この意味で、追完請求権（実質的には修補請求権）、報酬減額請求権、損害賠償請求権、契約の解除権についての期間の制限は、民法の消滅時効の一般規定によって定められていることを前提とし、請負特有の規定として、これらの権利行使を制限する期間（見方を変えれば、権利を保全する期間である）を定めるとの趣旨を明らかにしているものである。

注文者がこの通知を怠ると、追完請求権、報酬減額請求権、損害賠償請求権、契約の解除権を失うという効果が生じるものである。

(4)　改正民法637条は、請負人の担保責任に基づく追完請求権、報酬減額請求権、損害賠償請求権、契約の解除権に認められている期間の制限について、現行民法637条に変更を加えるものである。

具体的には、現行民法637条が仕事の目的物の引渡しを要する場合と引渡しを要しない場合に分け、引渡しを要する場合には、仕事の目的物を引き渡した時から１年以内（同条１項）、引渡しを要しない場合には、仕事が終了した時から１年以内（同条２項）という制限を、改正民法637条においては、仕事の目的物の引渡しを要する場合には、目的物の引渡し後、不適合を知った時から１年以内（同条１項）、引渡しを要しない場合には、目的物の完成後、不適合を知った時から１年以内（同条１項）に変更するものである。

また、現行民法637条は、注文者が前記の各権利を保全するためには、瑕疵修補の請求、損害賠償の請求をしたり、契約の解除の意思表示をしたりすることが必要であるとしていたのに対し、改正民法637条は、不適合が存在する旨の通知をすることが必要であり、かつ、これで足りるものと変更している。

これらの変更は、売買契約における買主の権利に関する期間の制限

（改正民法566条）と同様な規定を設けるものである。

現行民法の実務においては、637条の適用について、瑕疵修補、損害賠償の各請求がされたかが問題になった場合、注文者と請負人等との間で瑕疵の有無・程度等をめぐる苦情、紛争が発生した際、注文者の言動が請求に当たるかどうかが争点になることが少なくなかったし、裁判例の中には瑕疵を指摘し（指摘した瑕疵が後日判明した瑕疵の一部であったり、全く別の瑕疵であったりし、どの範囲で権利行使をしたのかが不明確であるような事態も見かけることがあった）、善処を求める等した場合であっても請求をしたものと評価し、請求を比較的緩やかに解釈、判断したものもないではなかった。改正民法の実務においては、注文者が契約不適合の旨を通知することによって、追完請求権、報酬減額請求権、損害賠償請求権、契約の解除権を保全することができるため、注文者と請負人等との間の紛争の実情に即した判断ができることになる。もっとも、契約不適合の内容、範囲、程度をどの程度特定することが必要であるか、通知の際の特定と後日判明した不適合の内容が異なった場合の取扱いをどうするか等の問題は今後検討すべき課題である。

改正民法637条の注文者がその不適合の事実を知った時から1年以内にその旨を請負人に通知しないことについては、誰が、どのような事実の立証責任を負うかは一つの問題である。この問題については、注文者、あるいは請負人が立証責任を負うか、何の要件につき立証責任を負うかの議論がある。改正民法637条が注文者の追完請求権、報酬減額請求権、損害賠償請求権、契約の解除権を消滅させる効果をもつものであることに照らすと、まず、担保責任の追及を受けた請負人が、注文者が仕事の目的物に不適合の事実を知ったこと、知った時から1年間が経過したことの各要件の立証責任を負うと解するのが合理的である。これに対し、前記の各権利の消滅の効果を争う注文者が前記1年以内に不適合の通知をしたことの立証責任を負うと解することになる。

(5) 改正民法637条1項所定の期間の起算点は、注文者が不適合を知った時である。前記(4)において説明したとおり、現行民法の実務の実情に照らすと、注文者と請負人等との間で仕事の目的物の不具合、不満等の紛争が生じた場合、特に建物の建築、規模の大きな設備・施設等の建設・製作等をめぐる紛争が生じた場合には、注文者が当初知った不適合の事実と後日調査等を経て知った不適合の事実について、その範囲・内容・程度が相当に異なる事態が生じることが少なくない（現行民法の実務においてもこのような事態が生じていたし、そのような事態を見かけることは少なくなかった）。仕事の目的物である建物等の不具合が発見され、注文者が苦情を述べ、請負人の調査・点検、調査専門業者の調査を経て不適合の事実が判明し、その範囲・内容・程度が明らかにされる場合、注文者がどの時点で不適合の事実を知ったということができるかは、必ずしも容易に判断できるわけではない。調査専門業者による仕事の目的物である建物等の不具合等の調査が実施されれば、不適合の事実は相当に明らかにされるが、調査等に要する費用もかかるため、事案によってはこのような調査が実施されないことも容易に予想され、このような場合にも、どの時点で不適合の事実を知ったということができるかも容易に判断されるものではない。

⑹　請負人の担保責任と売主の担保責任とは、現行民法においては期間の制限についても異なる規律が設けられていたが（現行民法566条３項は、買主が事実を知った時から１年以内とするものであった）、改正民法においては、期間の制限について、請負の場合にも、売買の場合と同様に事実を知った時から１年以内とし、同様な規律を設けるものである（改正民法566条参照）。

改正民法の実務においては、注文者が期間内に通知をした場合、注文者が有する追完請求権、報酬減額請求権、損害賠償請求権、契約の解除権の各種の権利の存続期間、消滅時効等は、各権利の性質、内容に従って関係する一般規定が適用される。

⑺　また、改正民法637条２項は、仕事の目的物を注文者に引き渡した時（その引渡しを要しない場合にあっては、仕事が終了した時）において、請負人が不適合を知り、又は重大な過失によって知らなかった場合、同条１項を適用しないことを定めるものである。

前記⑷、⑸、⑹に説明したとおり、注文者が仕事の目的物につき不適合の事実を知った時から１年以内にその旨を請負人に通知しないときは、注文者は、追完請求権、報酬減額請求権、損害賠償請求権、契約の解除権を行使することができなくなるが（改正民法637条１項）、仕事の目的物を注文者に引き渡した時、あるいは引渡しを要しない場合にあっては、仕事が終了した時において、請負人が不適合を知り、又は重大な過失によって知らなかった場合には、注文者は、請負人の担保責任に基づく追完請求権、報酬減額請求権等の各種の権利を失うことなく、これらの各種の権利を行使することを認めるものである。

仕事の目的物を注文者に引き渡した時、あるいは引渡しを要しない場合にあっては、仕事が終了した時において、請負人が仕事の目的物につき不適合を知り、又は重大な過失によって知らなかった場合には、改正民法637条１項が適用されず、注文者は、通知をしなかったとしても、あるいは通知をしたものの法定の期間内に通知することを怠ったとしても、請負人の担保責任に基づく前記の各種の権利を失うことにはならないものである。

仕事の目的物を注文者に引き渡した時、あるいは引渡しを要しない場合にあっては、仕事が終了した時において、請負人が不適合を知り、又は重大な過失によって知らなかったことについての立証責任は、改正民法637条１項、２項の各条文の構造、関係、内容に照らし、注文者が負うものである。

なお、注文者が有する請負人の担保責任に基づく追完請求権、報酬減額請求権、損害賠償請求権、契約の解除権の各種の権利は、それぞれの権利の性質、内容に従って消滅時効等の期間の制限に関する一般規定が適用され、改正民法637条にかかわらず、これらの権利が消滅する可能性がある。

権利行使における期間の制限に関する基本規定である消滅時効制度は、民法の改正によって大きく変更されたものであり、請負の実務においても債権管理等の場面で今後十分に注意すべき事柄である。改正民法の下においては、消滅時効の期間が５年間と10年間の２種類に集約されるとともに、消滅時効の起算点が主観的な起算点の場合（権利を行使することができることを知った時）には、５年間、客観的な起算点の場合（権利を行使することができる時）には、10年間とされている（ほかにも、時効中断の制度が廃止され、時効の完成及び更新制度が導入されている。なお、請負の実務にも関係する商事消滅時効に関する商法522条は、改正されていない）。

改正民法の下における債権等の消滅時効に関する一般規定の内容は、

次のとおりである。

【改正民法】

（債権等の消滅時効）

第166条　債権は、次に掲げる場合には、時効によって消滅する。

一　債権者が権利を行使することができることを知った時から５年間行使しないとき。

二　権利を行使することができる時から10年間行使しないとき。

２　債権又は所有権以外の財産権は、権利を行使することができる時から20年間行使しないときは、時効によって消滅する。

３　前二項の規定は、始期付権利又は停止条件付権利の目的物を占有する第三者のために、その占有の開始の時から取得時効が進行することを妨げない。ただし、権利者は、その時効を更新するため、いつでも占有者の承認を求めることができる。

（人の生命又は身体の侵害による損害賠償請求権の消滅時効）

第167条　人の生命又は身体の侵害による損害賠償請求権の消滅時効についての前条第１項第２号の規定の適用については、同号中「10年間」とあるのは、「20年間」とする。

（定期金債権の消滅時効）

第168条　定期金の債権は、次に掲げる場合には、時効によって消滅する。

一　債権者が定期金の債権から生ずる金銭その他の物の給付を目的とする各債権を行使することができることを知った時から10年間行使しないとき。

二　前号に規定する各債権を行使することができる時から20年間行使しないとき。

２　定期金の債権者は、時効の更新の証拠を得るため、いつでも、その債務者に対して承認書の交付を求めることができる。

(8)　改正民法637条所定の１年間の期間は、現行民法637条の場合と同様に、徐斥期間であると解される（売主の担保責任に関する現行民法566条３項所定の１年間の期間について、最三判平成４年10月20日民集46巻７号1129頁が徐斥期間であると解しているところであり、この判例が請負人の担保責任にも妥当する）。

◇この分野の参考判例としては、次のものがある。

【参考判例】

①最一判昭和51年３月４日民集30巻２号48頁、判時849号77頁（注文者が民法637条所定の期間の経過した請負契約の目的物の瑕疵修補に代わる損害賠償請求権を自働債権とし請負人の報酬請求権を受働債権としてする相殺については、同法508条の類推適用があるとした事例）

この判例は、改正民法においても妥当するものである。

なお、売買契約における売主の担保責任に基づく買主の瑕疵修補請求権、損害賠償請求権等の権利行使についても期間の制限に関する規定が設けられてきたところであるが、この規定に関する最高裁の判例も、改正民法における請負人の担保責任に基づく前記の追完請求権等の期間の制限についても参考になるものであるから、紹介する。

最三判平成４年10月20日民集46巻７号1129頁、判時1441号77頁、判タ802号105頁（瑕疵担保による損害賠償請求権の除斥期間と裁判上の権利行使の要否が問題になった事案について、民法566条３項にいう１年の期間は、除斥期間であるとし、この請求権を保存するには、請求権の除斥期間内に、売主の担保責任を問う意思を裁判外で明確に告げることをもって足り、裁判上の権利行使をするまでの必要はないとした事例）

「商法526条は、商人間の売買における目的物に瑕疵又は数量不足がある場合に、買主が売主に対して損害賠償請求権等の権利を行使するための前提要件を規定したにとどまり、同条所定の義務を履行することにより買主が行使し得る権利の内容及びその消長については、民法の一般原則の定めるところによるべきである。したがって、右の損害賠償請求権は、民法570条、566条３項により、買主が瑕疵又は数量不足を発見した時から１年の経過により消滅すると解すべきであり、このことは、商法526条の規定による右要件が充足されたこととは関わりがない。そして、この１年の期間制限は、除斥期間を規定したものと解すべきであり、また、右各法条の文言に照らすと、この損害賠償請求権を保存するには、後記のように、売主の担保責任を問う意思を裁判外で明確に告げることをもって足り、裁判上の権利行使をするまでの必要はないと解するのが相当である。

これを本件についてみるのに、原審の確定したところによれば、被上告人は昭和54年12月末ないし翌55年１月初めに、本件売買目的物に瑕疵があることを知ったものであるところ、その瑕疵があったことに基づく損害賠償を求める本訴を提起したのは、右の最終日から１年以上を経過した昭和58年12月７日であったことが記録上明らかである。そうすると、除斥期間の経過の有無について何ら判断することなく、被上告人の請求を認容すべきものとした原判決には理由不備の違法があり、原判決はこの点において破棄を免れない。そして、右に説示したところによれば、１年の期間経過をもって、直ちに損害賠償請求権が消滅したものということはできないが、右損害賠償請求権を保存するには、少なくとも、売主に対し、具体的に瑕疵の内容とそれに基づく損害賠償請求をする旨を表明し、請求する損害額の算定の根拠を示すなどして、売主の担保責任を問う意思を明確に告げる必要がある。本件についても、被上告人が売買目的物の瑕疵の通知をした際などに、右の態様により本件損害賠償請求権を行使して、除斥期間内にこれを保存したものということができるか否かにつき、更に審理を尽くさせるため、上告人の民訴法198条２項の裁判を求める申立てを含め、本件を原審に差し戻すこととする。」

最一判平成13年２月22日判時1745号85頁、判タ1058号103頁（土地の買主が同土地の一部の所有権の帰属をめぐる裁判手続においてこれが隣接地に属する旨の隣接地所有者の主張を知った時点をもって民法564条所定の除斥期間の起算点とすることはできないとした事例）

「ア　上告人は、平成２年６月11日、被上告人との間で、被上告人から第一審判決別紙物件目録記載一の土地（以下「137番１の土地」という。）を、同土地の南側に隣接する同物件目録記載二の土地（以下「136番１の土地」という。）との境界は第１審判決別紙図面のイ、ロ、ハの各点を直線で結ぶ線であるとし、実測面積68.90平方メートル、代金１坪当たり900万円、総額１億8758万円で買い受ける旨の売買契約（以下「本件売買契約」という。）を締結し、同年８月８日ころ、その引渡しを受けた。

イ　136番１の土地の所有者である丸山博久は、平成３年４月ころ、両土地の境界は同図面のイ、ロ、ホ、ニの各点を直線で結ぶ線であるとして、その線上にブロック塀を建築し、同図面のロ、ハ、ニ、ホ、ロの各点を直線で結んだ範囲内の12.26平方メートル（約3.71坪）の土地（以下「本件土地」という。）は136番1の土地に属するものであると主張するに至った。

ウ　上告人は、平成3年7月末ころ、丸山に対し、ブロック塀の建築に抗議したが、同人はこれを受け入れなかった。そこで、上告人は、同年11月、丸山を相手方として、ブロック塀の撤去等を求める旨の仮処分を申し立てたところ、丸山は、同年12月16日付けの答弁書によって、本件土地が136番1の土地に属する旨を主張した。同仮処分申立てについては、平成4年2月24日、丸山に対して本件土地につき占有移転を禁止する旨の仮処分命令が発せられた。

エ　上告人は、平成3年12月、丸山を被告として、所有権に基づき、ブロック塀の撤去、本件土地の明渡しを求める訴訟を提起した。これについては、平成6年11月28日上告人の請求を棄却する旨の第一審判決がされ、同7年9月13日上告人の控訴を棄却する旨の判決が、同8年3月5日上告人の上告を棄却する旨の判決がされた。

オ　上告人は、平成7年11月10日ころ、被上告人に対して本件売買契約に基づく売主としての責任を問う旨の意思を表明し、同8年4月19日、本件訴訟を提起した。

(2)　本件において、上告人は、被上告人に対し、主位的には民法563条又は565条に基づく代金減額請求、予備的には不当利得返還請求として、本件売買契約に基づいて上告人が支払った代金のうち本件土地の面積分に相当する3339万円及び遅延損害金の支払を求め、被上告人は、代金減額請求について、民法564条所定の1年の除斥期間が経過していると主張して争った。

原審は、次のとおり判断し、上告人の請求を棄却すべきものとした。

ア　本件土地は、本件売買契約の目的の一部とされたが、丸山所有の136番1の土地に属するものであると認められる。そして、丸山には本件土地を被上告人に対して譲渡する意思がないので、本件売買契約の売主である被上告人は、これを買主である上告人に移転することができない。

イ　上告人の被上告人に対する代金減額請求は、民法563条又は565条に基づくものであるところ、同法564条所定の善意の買主の権利に係る除斥期間の起算点は、買主が、単に売買の目的である権利の一部が他人に属し、又は数量を指示して売買した物が不足していたことを知っただけでなく、売主においてこれを買主に移転することができないことをも知った時であると解するのが相当である。

ウ　前記事実関係の下においては、上告人は、仮処分申立て事件につき、丸山から、本件土地は136番1の土地の一部であることを明確に主張する平成3年12月16日付けの答弁書が提出された時に、本件土地は丸山の所有に属し、又は本件売買契約の目的である土地の面積に不足があることのみならず、被上告人が丸山から本件土地を取得してこれを上告人に移転することができないことをも知ったものと解するのが相当である。そうすると、上告人は、その時点から1年内に被上告人に対して代金減額請求権を行使していないから、同請求権は、民法564条所定の除斥期間の経過によって消滅していることになる。

エ　代金減額請求権が消滅した以上、上告人の主張する不当利得返還請求権も発生する余地がない。

(3)　しかし、原審の判断のうち(2)のウの部分は、これを是認することができない。その理由は、次のとおりである。

売買の目的である権利の一部が他人に属し、又は数量を指示して売買した物が不足していたことを知ったというためには、買主が売主に対し担保責任を追及し得る程度に確実な事実関係を認識したことを要すると解するのが相当である。本件のように、土地の売買契約が締結された後、土地の一部につき、買主と同土地の隣接地の所有者との間で所有権の帰属に関する紛争が生起し、両者が裁判手続において争うに至った場合において、隣接地の所有者がその手続中で係争地が同人の所有に属することを明確に主張したとしても、買主としては、その主張の当否について公権的判断を待って対処しようとするのが通常であって、そのような主張があったことから直ちに買主が係争地は売主に属していなかったとして売主に対し担保責任を追及し得る程度に確実な事実関係を認識したということはできない。以上説示したところによれば、上告人の本件代金減額請求権について、仮処分申立て事件において丸山から答弁書が提出された時点をもって、民法564条所定の除斥期間の起算点と解するのが相当であるとした原審の判断は、同条の解釈を誤ったものといわざるを得ない。」

最三判平成13年11月27日民集55巻6号1311頁、判時1769号53頁、判タ1079号195頁（買主の瑕疵担保に係る損害賠償請求権と消滅時効との関係が問題になった事案について、瑕疵担保による損害賠償請求権には消滅時効の規定の適用があるとした事例）

「(1) 昭和48年2月18日、被上告人は、上告人から、第一審判決添付物件目録一記載の土地（以下「本件宅地」という。）及びその地上建物等を買い受け、その代金を支払った。同年5月9日、本件宅地につき上告人から被上告人への所有権移転登記がされ、そのころ、被上告人は上告人からその引渡しを受けた。

(2) 本件宅地の一部には、柏市昭和47年10月27日第157号をもって道路位置指定がされている。このため、本件宅地上の建物の改築に当たり床面積を大幅に縮小しなければならないなどの支障が生ずるので、道路位置指定がされていることは、民法570条にいう「隠レタル瑕疵」に当たる。

(3) 被上告人は、平成6年2月ないし3月ころ、上記道路位置指定の存在を初めて知り、同年7月ころ、上告人に対し、道路位置指定を解除するための措置を講ずるよう求め、それができないときは損害賠償を請求する旨を通知した。

2 本件は、被上告人が上告人に対して瑕疵担保による損害賠償を求めた事案である。上告人は、被上告人の損害賠償請求権は時効により消滅したと主張し、本訴において消滅時効を援用した。原審は、次のとおり判示して上告人の消滅時効の抗弁を排斥し、被上告人の損害賠償請求を一部認容した。

売主の瑕疵担保責任は、法律が買主の信頼保護の見地から特に売主に課した法定責任であって、売買契約上の債務とは異なるから、これにつき民法167条1項の適用はない。また、同法570条、566条3項が除斥期間を定めているのは、責任の追及を早期にさせて権利関係を安定させる趣旨を含むものであるが、他方で、その期間の起算点を「買主カ事実ヲ知リタル時」とのみ定めていることは、その趣旨が権利関係の早期安定だけでないことを示しているから、瑕疵担保による損害賠償請求権に同法167条１項を準用することも相当でない。このように解さないと、買主が瑕疵の存在を知っているか否かを問わずに損害賠償請求権の時効消滅を認めることとなり、買主に対し売買の目的物を自ら検査して瑕疵を発見すべき義務を負わせるに等しく、必ずしも公平といえない。

３　しかしながら、原審の上記判断は是認することができない。その理由は、次のとおりである。

(1)　買主の売主に対する瑕疵担保による損害賠償請求権は、売買契約に基づき法律上生ずる金銭支払請求権であって、これが民法167条１項にいう「債権」に当たることは明らかである。この損害賠償請求権については、買主が事実を知った日から１年という除斥期間の定めがあるが（同法570条、566条３項）、これは法律関係の早期安定のために買主が権利を行使すべき期間を特に限定したものであるから、この除斥期間の定めがあることをもって、瑕疵担保による損害賠償請求権につき同法167条１項の適用が排除されると解することはできない。さらに、買主が売買の目的物の引渡しを受けた後であれば、遅くとも通常の消滅時効期間の満了までの間に瑕疵を発見して損害賠償請求権を行使することを買主に期待しても不合理でないと解されるのに対し、瑕疵担保による損害賠償請求権に消滅時効の規定の適用がないとすると、買主が瑕疵に気付かない限り、買主の権利が永久に存続することになるが、これは売主に過大な負担を課するものであって、適当といえない。

したがって、瑕疵担保による損害賠償請求権には消滅時効の規定の適用があり、この消滅時効は、買主が売買の目的物の引渡しを受けた時から進行すると解するのが相当である。

(2)　本件においては、被上告人が上告人に対し瑕疵担保による損害賠償を請求したのが本件宅地の引渡しを受けた日から21年余りを経過した後であったというのであるから、被上告人の損害賠償請求権については消滅時効期間が経過しているというべきである。」

◇この分野の参考裁判例としては、次のものがある。

【参考裁判例】

請負人の担保責任の期間制限については、現行民法においても訴訟上争点になることがあり、請求の有無、期間経過の有無、請求後の権利行使の消滅時効の成否等が問題になった裁判例が見られる。

[119] 東京地判平成３年６月14日判時1413号78頁

Ｘは、昭和61年10月、Y_1有限会社（代表者はY_2）との間で、自宅である建物の建築につき代金1600万円で請負契約を締結し、Y_1は、建物を建築し、昭和62年３月、建物をＸに引き渡したところ、Ｘは、車庫が自動車の出入庫できない等の瑕疵を指摘し、修補を請求する等したものの、Y_1が応じなかったことから、ＸがY_1に対して担保責任、債務不履行責任、不法行為責任に基づき、Y_2に対して保証契約に基づき損害賠償を請求したのに対し、Y_1が反訴としてＸに対して残代金の支払を請求した。

本件では、完成の成否、瑕疵の有無・内容、注文者の指図の有無、損害額、保証契約の成否、徐斥期間の経過等が争点になった。

本判決は、当初予定された最終の工程まで一応終了し、建物が社会通念上建物として完成されたとし、完成を認め、敷地面積や前面道路との関係で車庫を建築することに相当の無理があったのに、Y_1が車庫の建築を保証し、実現できなかった瑕疵があるとし、Ｘの希望は指図とはいえないとし、建替えを前提とする諸費用の損害を否定し、建物の価値の減少に関する立証をしないとしたものの、慰謝料として90万円の損害を認め、Y_1の瑕疵担保責任又は不法行為責任を認め、Y_2の保証契約を認め、さらに建物の引渡後１年以内に修補請求がされている等とし（有効に行使された瑕疵修補請求権は、その後、消滅時効が完成するまで存続するとした）、Ｘの本訴請求を認容し、Y_1の反訴請求を認容した。

[120] 東京地判平成４年12月21日判時1485号41頁

Ｘは、昭和55年４月、建設業を営むY_1株式会社との間で、代金２億800万円で鉄筋コンクリート造の建物の建築請負契約を締結し（本件建物の引渡後、屋根の防水は10年、外壁からの漏水は３年、それ以外の瑕疵は２年とする特約があった）、同年12月、Y_2株式会社、Y_3との間で、建物建築に関する監理業務契約を締結し、Y_1は、昭和56年１月、建物を完成し、Ｘに引き渡したところ、その後、鉄筋コンクリートの素材、工事が契約内容と異なること、ひび割れ、雨漏り、雨樋工事の不完全等の瑕疵が発見されたことから、ＸがY_1に対して債務不履行、担保責任に基づき、Y_2らに対して債務不履行に基づき損害賠償を請求し（本件訴訟は、昭和60年に提起された）、Y_2が反訴として監理報酬の支払を請求した。

本件では、瑕疵の有無・程度、担保責任の存続期間（除斥期間）の経過、担保責任と債務不履行責任の関係、損害が争点になった。

本判決は、請負の瑕疵担保責任の規定は、不完全履行の一般理論の適用を排除するとした上、本件建物の鉄筋コンクリートの瑕疵を認めたものの、２年間の除斥期間の経過によって損害賠償請求権が消滅したとし、ひび割れ、外壁からの漏水の瑕疵を認め、それぞれ存続期間内に請求がされたとし、その余の瑕疵は２年間の除斥期間の経過によって損害賠償請求権が消滅したとし、Y_2については、請負人の瑕疵担保責任の消滅とともに消滅する等とし（Y_3は、Y_2の履行補助者としてその責任を否定した）、ＸのY_1、Y_2に対する本訴請求を一部認容し、Y_2の反訴請求を認容した。

［121］東京地判平成20年12月24日判時2037号55頁

Ａ（国）は、平成10年３月、国道の地下横断歩道工事をX_1株式会社に発注し、平成10年７月、関連する地下横断歩道工事をX_2株式会社に発注し（いずれの請負契約においても、担保責任期間は、引渡しの日から２年以内、瑕疵が故意又は重大な過失により生じたときは10年以内とする約定があった）、X_1は、平成10年６月、X_2は、平成10年８月、歩道工事のタイル張り工事をＹ株式会社に発注し、ＹがＢ株式会社にタイル張り工事を下請けさせ、Ｂが工事を完了し、平成11年２月までに引き渡したところ、平成16年11月、地下道の壁面等のタイルが広範囲に浮きやひび割れが生じ、剥落事故の発生のおそれが生じたことから、X_1らがＹに対して下請け業者の施工上の瑕疵を主張し、瑕疵担保責任、契約約款に基づき損害賠償を請求した。

本件では、施工上の瑕疵の有無、担保責任期間の経過、損害が争点になった。

本判決は、本件の不具合はＹの施工上の不備によって発生したものであり、Ｙには重大な過失があったとし、瑕疵担保責任の消滅を否定する等し、請求を認容した。

8 民法638条の削除
【現行民法638条（請負人の担保責任の存続期間）】

(1) 改正民法においては、現行民法638条（請負人の担保責任の存続期間）は、削除されている。

(2) 改正民法においては、請負人の担保責任に関する規定を整理することに伴って、現行民法638条の土地工作物に関する請負人の担保責任の存続期間の特則を削除するものである。

現行民法638条の内容は、次のとおりである。

【現行民法】

（請負人の担保責任の存続期間）

第638条 建物その他の土地の工作物の請負人は、その工作物又は地盤の瑕疵について、引渡しの後５年間その担保の責任を負う。ただし、この期間は、石造、土造、れんが造、コンクリート造、金属造その他これに類する構造の工作物については、10年とする。

２ 工作物が前項の瑕疵によって滅失し、又は損傷したときは、注文者は、その滅失又は損傷の時から１年以内に、第634条の規定による権利を行使しなければならない。

(3) 現行民法638条は、請負人の土地工作物の担保責任の存続期間（期間の制限、権利保全期間）について、一般の請負の場合よりも長期の期間を定めていたものである。また、現行民法638条は、さらに土地工作物を２つの類型に分け、一般の土地工作物と石造、土造、れんが造、コンクリート造、金属造その他これに類する構造の工作物を定め、前者の存続期間を５年間、後者の存続期間を10年間としていたものである。このような規定が設けられていたのは、土地工作物の請負においては、瑕疵が顕在化するのに相当の年月がかかり、前記の各存続期間を長期間にすることによって注文者が請負人の担保責任を追及することを請負の実情に合わせるとともに（土地の工作物の建設請負等においては、目的物の引渡し後数年を経て検査等が行われることが多い等の実情が見られる）、注文者の権利保全の保護を図ったものである。

改正民法においては、このような内容と意味をもつ現行民法638条を廃止し、一般の請負の場合と同様な規律にするものであるため、形式的にも、実質的にも請負人の担保責任に影響を与えることが予想される。

(4)　もっとも、現行民法においては、期間の起算点が客観的な時点（引渡し、仕事の終了、滅失又は損傷の時）であるのに対し、改正民法においては、注文者の主観的な認識の時に変更するものである。改正民法における担保責任の期間の制限は、その起算点が注文者が不適合を知った時とするものであり、現行民法の前記規定と比較して、必ずしも期間の制限が短縮されているとはいい難いだけでなく、事案によっては期間の制限が延長されることもある。現行民法においても、例えば、建築された建物の瑕疵が引渡し後10年を超えて顕在化する事例もあり、10年の期間が短すぎるとの議論もあったところであり、これらの事情も踏まえつつ、事案によって柔軟かつ適切な判断をすることができるものである。

(5)　また、現行民法においては、存続期間が権利の行使そのものについて定められているのに対し（例えば、瑕疵の修補を請求したり、損害賠償を請求したりする期間としての意味がある）、改正民法においては、不適合の通知の期間として定められているものであり、改正民法においては注文者による請負人の担保責任の追及が期間の制限については相当に緩和されている。改正民法においては、現行民法の時期におけるような具体的な権利行使が必要であるわけでなく、不適合の通知をすれば、注文者の権利が保全され、権利の行使期間は、消滅時効に関する民法の一般規定の適用を受けることになる。

(6)　請負契約の実務、紛争の実態に照らすと、請負人の担保責任が問題にされる事例は多数見かけるところであり、改正民法における現行民法638条の廃止は、請負の当事者の双方に相当な影響を与えるものと予想されるとともに、注文者にとっては、仕事の目的物が契約不適合である場合における追完請求権、報酬減額請求権、損害賠償請求権、契約の解除権の各種の権利を行使する時期、仕方に十分に注意をすることが必要である。

9 民法639条の削除
【現行民法639条（担保責任の存続期間の伸長）】

(1) 改正民法においては、現行民法639条（担保責任の存続期間の伸長）は、削除されている。

(2) 現行民法639条は、担保責任の存続期間の伸長に関する規定であり、現行民法637条、638条１項の期間について、現行民法167条の規定による消滅時効の期間内に限り、契約で伸長することを認めるものである。

現行民法639条の内容は、次のとおりである。

【現行民法】

（担保責任の存続期間の伸長）

第639条 第637条及び前条第１項の期間は、第167条による消滅時効の期間内に限り、契約で伸長することができる。

(3) 請負契約、特に建物の建築請負契約、施設の建設請負契約等においては、請負人の担保責任に基づく各種の権利行使の期間制限につき民法所定の期間制限と異なる内容の特約を締結する事例を見かけることが多い。民法の消滅時効に関する規定は、強行規定であり、これを変更する契約は効力を否定されるものの、請負契約における期間制限は、請負人の担保責任に基づく各種の権利の保全・消滅に関する請負特有の制限であり、現行民法639条は、合意によって一定の範囲で期間制限の伸長を認めていたものであり、前記のとおり、請負契約の実務においてもこのような契約（実際には請負契約中の特約、条項として利用されることが通常である）が利用されてきたところである。

(4) 改正民法は、請負人の担保責任に基づく各種の権利の保全・消滅の期間に関する契約（特約）を一定の範囲で認める現行民法639条を削除し、廃止するものであるが、これは、このような契約（契約）を一切認めないとするものではない。改正民法においては、このような契約（特約）の効力について、一定の範囲で契約自由の原則に従って判断されるものであり、公序良俗違反、信義則違反等の法理によって契約が無効とされることがあり得る。

なお、現行民法において、639条が期間の伸長に関する特約のみにつき規定し、短縮に関する特約については規定していなかったため、短縮に関する特約の効力が議論され、積極説、消極説が見られたところであるが、改正民法においても同様な議論が依然として残るものである（原則として積極的に解することができる）。

また、注文者が消費者である請負契約は、消費者契約法上の消費者契約に該当するが、前記の契約（特約）が同法10条に該当し、無効とされることがある。

◇この分野の参考判例としては、次のものがある。

【参考判例】

・最一判昭和49年３月28日金融法務事情718号32頁（請負契約において、契約当事者が請負人の瑕疵担保責任の存続期間を２年に短縮する旨約した場合、この合意は有効であり、民法638条１項に違反するものとはいえないとした事例）

この判例は、改正民法においても妥当するものである。

10 民法640条の削除 【現行民法640条（担保責任を負わない旨の特約）】

(1) 改正民法においては、現行民法640条（担保責任を負わない旨の特約）は、削除されている。

(2) 現行民法640条は、634条、635条所定の担保責任を負わない旨の特約に関する規定であり、現行民法の実務において様々な内容の特約が見られたところである。

現行民法640条の内容は、次のとおりである。

【現行民法】

（担保責任を負わない旨の特約）

第640条 請負人は、第634条又は第635条の規定による担保の責任を負わない旨の特約をしたときであっても、知りながら告げなかった事実については、その責任を免れることができない。

(3) 現行民法640条は、請負人の担保責任について請負人が責任を負わない旨の特約を締結した場合、契約自由の原則に従って有効であると解されることを前提とし、この特約（請負人の責任を全部免責する旨のもののほか、一部の責任を免責する旨のものもあり、免責特約とか、責任制限特約と呼ばれることがある）は、請負人が知りながら告げなかった事実については、特約による免責を否定するものである。現行民法640条の効果である「その責任を免れることができない」は、免責を主張することができないとの意味であっても、特約がその範囲で無効であるとの意味であっても差し支えないであろう。

現行民法640条は、請負人が知りながら告げなかった事実を要件とする規定であるが、知らなかったものの、請負人が知らなかったことに重大な過失のあった事実についても同様な効果が認められるかは、議論があり、同様であるとの見解が有力である。

現行民法640条と同趣旨の規定は、売主の担保責任の免責特約にも同様な規定があるが（現行民法572条）、改正民法においては売主の担保責任の免責特約に関する規定は若干の変更が加えられたものの、廃止されていない（改正民法572条）。

現行民法640条は、改正民法において削除されたが、前記のとおり、売買契約における売主の担保責任の免責特約に関する改正民法572条の規定が準用されることになる（現行民法559条）。現行民法640条は削除されたが、改正民法572条の準用によって、実質的には変更はないということができる。

改正民法572条の内容は、次のとおりである。

【改正民法】

（担保責任を負わない旨の特約）

第572条　売主は、第562条第１項本文又は第565条に規定する場合における担保の責任を負わない旨の特約をしたときであっても、知りながら告げなかった事実及び自ら第三者のために設定し又は第三者に譲り渡した権利については、その責任を免れることができない。

⑸　請負人の担保責任を免責する旨の特約を締結することは、現行民法の下においては、現行民法640条の規定が強行規定ではないことから、原則として有効であると解されてきた。前記のとおり、現行民法640条が削除され、改正民法572条の規定が準用される場合であっても（現行民法572条の下においても、同様に解されていた）、事情は異ならないということができ、特段の法令上の根拠がない限り（特段の根拠としては、例えば、請負契約が消費者契約に該当する場合について、消費者契約法８条）、請負人の担保責任を免責する旨の特約は有効であると解することができる。

【参考判例】

現行民法640条をめぐる判例ではなく、売買の売主の担保責任を免責する旨の特約に関する現行民法572条をめぐる判例も参考になるので、紹介する。

・最二判昭和45年４月10日判時588号71頁、判タ248号114頁（民法の定める売主の担保責任は強行規定と解すべきではなく、担保責任を加重する特約は有効であるとした事例）

「土地の売買契約が仮換地につきその一部分を特定して締結され、従前の土地そのものにつき買受部分を特定してされたものでないときは、特段の事情のないかぎり、仮換地全体の地積に対する当該特定部分の地積の比率に応じた従前の土地の共有持分について売買契約が締結され、買主と売主とは従前の土地の共有者となることは、当裁判所の判例とするところである（最高裁判所昭和41年(オ)第529号、昭和44年11月４日第三小法廷判決、民集23巻11号登載予定）から、上告人は被上告人のため仮換地全体に対する本件土地の地積に応じて従前地全部にわたる相応の持分権につき移転登記をなすことにより売買契約上の自己の債務を履行することができたのであり、被上告人が仮換地指定変更願書に押印を拒んだからとて、それが上告人の本件売買契約上の債務の履行をなしえないことの事由となるものではなく、したがつて、被上告人の昭和40年10月21日付契約解除、およびそれに基づく違約金の請求が信義に反し、権利の濫用にあたると解することができない旨の原審の認定判断は原判決挙示の証拠関係に照らして首肯できる。そして、売主の担保責任は、当事者の意思に基づかずに民法の定めたものであるが、強行規定と解すべきではなく、信義則に反しないかぎり、特約によつて加重することもできると解すべきである。」

なお、現行民法572条に関する裁判例としては、東京地判平成７年12月８日判時1578号83頁、東京地判平成15年５月16日判時1849号59頁、静岡地富士支部判平成15年８月19日判タ1187号247頁、東京地判平成16年４月23日判時1866号65頁、東京地判平成16年10月28日判時1897号22頁等があり、参考になる。

11 現行民法641条（注文者による契約の解除）

(1) 現行民法641条は、改正民法によって改正されていない。

(2) 現行民法641条は、改正民法においても、そのまま適用されるが、その内容は、次のとおりである。

【現行民法】

（注文者による契約の解除）

第641条　請負人が仕事を完成しない間は、注文者は、いつでも損害を賠償して契約の解除をすることができる。

(3) 現行民法641条は、請負人が仕事を完成するまでの間は、注文者は、いつでも、特段の理由なく、請負契約を解除することができるとし、注文者に中途解除権（中途解約権と呼ばれることもある）を認めるものである。

注文者のこの中途解約権が認められるのは、請負人が仕事を完成しない間である。

注文者にとっては、仕事の完成が不要になった場合、請負人に損害賠償請求権を認めることによって、不要な請負契約の履行を中止することを認めるものである。請負契約の実務においても、注文者の途中解除が時々問題になることがあり、仕事の完成の有無、損害賠償の要否、損害賠償額等が争点になることがある。

また、この注文者による請負契約の解除は、注文者による請負人の債務不履行を理由とする請負契約の解除、請負人による注文者の債務不履行を理由とする請負契約の解除と順次、あるいは同時に主張され、紛争が複雑になることもある。

(4) 改正民法の実務においても、現行民法641条の解釈、判例、裁判例がそのまま参考になる。

◇この分野の参考裁判例としては、次のものがある。

【参考裁判例】

現行民法641条に基づき注文者の請負契約の解除の効力等が問題になった裁判例としては、次のものがある。

[122] 東京地判平成４年11月30日判タ825号170頁

Ｘ株式会社は、昭和57年11月、Ｙ株式会社との間で、６階建てビル（店舗、ボクシングジムとして使用することを予定）の建築につき代金１億5000万円で請負契約を締結し、Ｙが工事に着手したが、ＸがＹにおいて約定に反する工事を行ったとし、昭和58年10月、契約を解除し（この間、Ｘは、合計7200万円を支払った）、同年12月、Ａ株式会社に建築工事を請け負わせ（工事代金は１億2000万円）、建物を完成させたため、ＸがＹに対して債務不履行に基づき増加工事費用、工事遅延による損害の損害賠償を請求した。

本件では、解除の効力、解除事由、損害が争点になった。

本判決は、Ｘの主張に係る瑕疵のうち５箇所に瑕疵があるとしたものの、修補が可能であるとし、民法543条に基づく解除としてはその効力を否定し、同法641条に基づく解除として、未完成部分について解除の効力を認め、未完成部分の債務不履行に基づく損害を認め、請求を認容した。

[123] 東京地判平成８年７月16日判タ958号227頁

Ｘは、カラオケ店の経営を計画し、平成４年10月、音響機器の販売、飲食店の経営等を業とするＹ株式会社との間で、代金合計１億390万円、引渡検査日を定めてカラオケ施設（建物）の建築工事の請負、カラオケ機器の売買に関する契約を締結し（引渡日は、カラオケ店の最繁忙時期である忘年会シーズンに間に合うように定められた）、Ｙは、下請業者であるＡ有限会社（代表者はＢ）に建物の建築を下請けさせ、Ａが建築確認申請を行うこととなったが、Ｂが申請書添付書類である構造計算書の作成を怠ったことから、確認申請をすることができず、引渡検査日における建物の完成、引渡しが不可能になったため、Ｘは、契約を解除し、Ｙに対して既払代金の返還、損害賠償を請求したのに対し、Ｙが反訴として解除が民法641条に係る注文者の解除権に基づくものであると主張し、カラオケ機器の販売による逸失利益の損害賠償を請求した。

本件では、確定期限の定めの有無、履行不能の成否、解除の効力、損害等が争点になった。

本判決は、引渡検査日が確定期限の定めであるとし、建築確認申請の遅れによって期限までの引渡しが不可能になったとして、履行代行者の責に帰すべき事由による履行不能であるとし、履行期到来前の解除の効力を認め、Ｘの本訴請求を認容し、Ｙの反訴請求を棄却した。

[124] 名古屋地判平成12年５月31日判時1740号71頁

Ｘ株式会社、Ｙ株式会社は、Ａ株式会社がＢ株式会社から請け負ったスーパードーム建築工事について、Ａに金融を得させる目的で介入することをＡから依頼され、これに同意し、ＡがＸに本件工事を発注し、ＸがＹに発注し、ＹがＡに発注する取引形態の循環取引契約を締結し、Ａが本件工事を施工するのに必要な工事代金前払いの方法で得させるため、ＹはＡに、ＸはＹに、ＡはＸに対してそれぞれ約束手形を振り出し、交付したところ、Ａが破産宣告を受けたため、ＸがＹに対して請負契約の履行不能を主張し、民法641条の契約解除による前払い代金を返還を請求した。

本件では、請負契約の実質、民法641条による契約解除の当否が争点になった。

本判決は、本件契約は形式的には請負契約の内容を有するが、実質的にはＡに金融を供与するための約束手形を振り出した循環取引であり、Ａの倒産の危険は本件契約の締結を主導したＸの負担と予定されており、工事の実行が本質的な要素ではなく、融資を実行したＹに契約の形式上の目的とされた工事が施工されないことを理由として民法641条による契約解除権が生じることはないとし、請求を棄却した。

［125］東京地判平成18年６月27日判タ1285号171頁

建設業を営むＸ株式会社は、一般建設業の更新許可申請を怠り、許可を取り消されていたところ、平成15年５月23日、Ｙを勧誘し、Ｙとの間で、請負代金１億1428万6000円で４階建て鉄骨アパート兼住宅の建築請負契約を締結し、既存建物のエアコン等の取り壊し工事を行ったが、ＹがＸにつき商業登記の本店がなく、一般建設業の許可が失効していること等を知ったことから（Ｘは、下請代金が4500万円以上になるときは、特定建設業の許可を取る必要があったものの、その許可を得ていなかった）、本件契約を解除したため、ＸがＹに対して解除がＹの事由によると主張し、民法641条に基づき損害賠償を請求した。

本件では、Ｙの債務不履行の有無、錯誤無効の当否、民法641条による解除の当否が争点になった。

本判決は、Ｙの債務不履行、錯誤無効の主張を排斥し、本件解除はＹの事由によるものであるとし、民法641条による、Ｙの損害賠償責任を認め、請求を認容した。

［126］東京高判平成18年12月26日判タ1285号165頁

前記の［125］東京地判平成18年６月27日判タ1285号171頁の控訴審判決であり、Ｙが控訴した。

本件では、Ｙの債務不履行の有無、錯誤無効の当否、民法641条による解除の当否が争点になった。

本判決は、一般建設業の許可は信頼関係に影響を及ぼす事情ではあるものの、許可がなくなった理由は、更新手続を忘れた事務手続上の過失にすぎず、そのいきさつをXに説明していること、特定建設業の許可の点はあってはならない行為であるが、取締法規違反の行為が直ちに私法上無効となるものではない等とし、信義則違反を理由とする本件契約の解除は認められないとし、民法641条による解除を認め、２割の過失相殺を認め、原判決を変更し、請求を認容した。

⑫　改正民法642条（注文者についての破産手続の開始による解除）【現行民法642条（注文者についての破産手続の開始による解除）】

(1)　改正民法642条は、現行民法642条と同様な見出しであり、同趣旨の規定を維持しているが、注文者につき破産手続が開始した場合における請負人による請負契約の解除権を制限する変更を加えたものである。

(2)　現行民法642条は、注文者についての破産手続の開始による解除に関する規定であり、請負人又は破産管財人が請負契約を解除することができることを定めるとともに、これに関連する内容を定めるものである。

現行民法642条の内容は、次のとおりである。

【現行民法】

（注文者についての破産手続の開始による解除）

第642条　注文者が破産手続開始の決定を受けたときは、請負人又は破産管財人は、契約の解除をすることができる。この場合において、請負人は、既にした仕事の報酬及びその中に含まれていない費用について、破産財団の配当に加入することできる。

２　前項の場合には、契約の解除によって生じた損害の賠償は、破産管財人が契約の解除をした場合における請負人に限り、請求することかできる。この場合において、請負人は、その損害賠償について、破産財団の配当に加入する。

(3)　改正民法642条は、現行民法642条と同様に、注文者についての破産手続の開始による解除に関する規定であり、内容も基本的には同じである。

改正民法642条の内容は、次のとおりである。

【改正民法】

（注文者についての破産手続の開始による解除）

第642条　注文者が破産手続開始の決定を受けたときは、請負人又は破産管財人は、契約の解除をすることができる。ただし、請負人による契約の解除については、仕事を完成した後は、この限りでない。

２　前項に規定する場合において、請負人は、既にした仕事の報酬及びその中に含まれていない費用について、破産財団の配当に加入することできる。
3 第１項の場合には、契約の解除によって生じた損害の賠償は、破産管財人が契約の解除をした場合における請負人に限り、請求することができる。この場合において、請負人は、その損害賠償について、破産財団の配当に加入する。

(4) 改正民法642条は、現行民法642条と比較すると、２項の条文が３項の条文に変更されているが、これは形式的な変更に過ぎない。

改正民法642条による変更は、１項にただし書を追加したことであり、その内容は、「請負人による契約の解除については、仕事を完成した後は、この限りでない。」とするものであり、１項本文に基づく請負人による請負契約の解除については、仕事の完成後は、解除できないとするものである。

注文者について破産手続が開始された場合、請負人又は破産管財人は、請負契約の解除をすることができるが、改正民法642条１項ただし書は、請負人による請負契約の解除は、仕事が完成した後はできないという制限を加えるものである。なお、破産管財人による請負契約の解除にはこのような制限はない。

請負人が仕事を完成する前、注文者につき破産手続が開始された場合、請負人としては、報酬の支払を受けるかどうかが全く不明な事態に陥ることになるが、注文者が破産したにもかかわらず、請負仕事を続行することになると、さらに不利益な事態に陥ることになる。現行民法642条１項は、請負人を保護するために、契約の解除権を認めるものであるが、改正民法642条１項もこの規定を維持している。もっとも、注文者につき破産手続が開始された時点において、請負人が仕事を完成していた場合には、このような配慮が必要でないことから、改正民法642条１項ただし書は、請負人の解除権を否定している。

(5) 改正民法642条２項は、形式的には新設の条文であるが、その内容は、現行民法642条１項後段の条文を移しただけのものであり、実質的には変更はない。

(6) 改正民法642条３項は、形式的には新設の条文であるが、現行民法642

条２項の規定を３項に移したに過ぎないものであり、実質的には変更はない。

◆この分野の参考判例としては、次のものがある。

【参考判例】

①最二判昭和53年６月23日金融・商事判例555号46頁（請負契約が民法642条１項により解除された場合には、請負人が既にした仕事の結果は、破産財団に帰属するとした事例）

この判例は、改正民法においても妥当するものである。

「請負契約が民法642条１項の規定により解除された場合には、請負人は、すでにした仕事の報酬及びこれに包含されない費用につき、破産財団の配当に加入することができるのであるが、その反面として、すでにされた仕事の結果は破産財団に帰属するものと解するのが、相当である。」

②最一判昭和62年11月26日民集41巻８号1585頁、判時1265号149頁、判タ661号113頁（請負人が破産宣告を受けた場合には、当該請負契約の目的である仕事が請負人以外の者において完成することのできない性質のものでない限り、同契約について破産法59条が適用されるとした事例）

この判例は、改正民法においても妥当するものである。なお、この判例にいう破産法59条は改正前の破産法であり、現行破産法53条のことである。

「法59条は、請負人が破産宣告を受けた場合であつても、当該請負契約の目的である仕事が破産者以外の者において完成することのできない性質のものであるため、破産管財人において破産者の債務の履行を選択する余地のないときでない限り、右契約について適用されるものと解するのが相当である。けだし、同条は、双務契約における双方の債務が、法律上及び経済上相互に関連性をもち、原則として互いに担保しあつているものであることにかんがみ、双方未履行の双務契約の当事者の一方が破産した場合に、法60条と相まつて、破産管財人に右契約の解除をするか又は相手方の債務の履行を請求するかの選択権を認めることにより破産財団の利益を守ると同時に、破産管財人のした選択に対応した相手方の保護を図る趣旨の双務契約に関する通則であるところ、請負人が破産宣告を受けた場合に、請負契約につき法59条の適用を除外する旨の規定がないうえ、当該請負契約の目的である仕事の性質上破産管財人が破産者の債務の履行を選択する余地のないときでない限り、同条の適用を除外すべき実質的な理由もないからである。原判決が説示するように、同条の適用のない請負契約について法64条を適用することができ、その適正な運用によりある程度妥当な解決を図ることが可能であるとしても、破産財団の都合等により請負契約の目的である仕事を完成することができないときには、注文者の保護に欠けるところが大きいので、右のことをもつて法59条の適用を否定する根拠とすることはできないというべきである。

そうすると、本件契約の目的である仕事が破産者以外の者において完成することのできない性質のものであるため、破産管財人において破産者の債務の履行を選択する余地のないものでない限り、本件契約については法59条が適用され、本件契約が解除されたものとされる場合には、上告人は支払ずみの請負報酬の内金から工事出来高分を控除した残額について、法60条２項に基づき財団債権としてその返還を求めることができるものというべきである。」

この判例は、改正前の破産法59条を前提とした判断を示しているが、これと同旨の現行破産法53条の規定は、同法54条を含め、次のとおり定めており、請負の実務において請負人につき破産手続開始決定がされる可能性もあるため、参考として紹介する。

（双務契約）

第53条　双務契約について破産者及びその相手方が破産手続開始の時において共にまだその履行を完了していないときは、破産管財人は、契約を解除し、又は破産者の債務を履行して相手方の債務の履行を請求することができる。

２　前項の場合には、相手方は、破産管財人に対し、相当の期間を定め、その期間内に契約の解除をするか、又は債務の履行をするかを確答すべき旨を催告することができる。この場合において、破産管財人がその期間内に確答をしないときは、契約の解除をしたものとみなす。

３　前項の規定は、相手方又は破産管財人が民法第631条前段の規定により解約の申入れをすることができる場合又は同法第642条第１項前段の規定により契約の解除をすることができる場合に準用する。

第54条　前条第１項又は第２項の規定により契約の解除があった場合には、相手方は、損害の賠償について破産債権者としてその権利を行使することができる。

２　前項に規定する場合において、相手方は、破産者の受けた反対給付が破産財団中に現存するときは、その返還を請求することができ、現存しないときは、その価額について財団債権者としてその権利を行使することができる。

13 請負人の不法行為責任

請負人の法的な責任というと、民法の解説等の場面では、既に紹介した注文者に対する担保責任、債務不履行責任が主に問題にされるが、建設工事の請負の実務においては、請負人の不法行為責任が問題になることが少なくないし、不法行為責任の要件、範囲等困難な問題が生じることがある。建設工事の請負人の不法行為責任は、従来の紛争事例を概観すると、例えば、建設工事の施工に当たって近隣の土地、建物に物理的な被害が発生したとか、日照被害、風害、騒音・振動、プライバシーの侵害といった被害が発生したとか、さらに原材料、設備の落下、崩壊等による被害が発生し、通行人らが傷害を負ったといった事件が発生することがあり、請負人の不法行為責任が追及されることがある（不法行為責任といっても、民法709条に基づくものだけでなく、同法715条、717条に基づくものもある。このような場合、請負人の不法行為責任が認められた事例は少なくないところ、本書ではこのような裁判例の紹介は省略している）。建設工事の施工に当たって請負人の不法行為責任が問題になる場合には、注文者の不法行為責任（民法716条）が問題になることもあるし、設計監理を行う建築士、建築事務所の不法行為責任が問題になることもある。

他方、例えば、請負人が施工した建物、施設等に瑕疵があった場合には、請負人が担保責任、債務不履行責任以外に不法行為責任を負うか、注文者に対する不法行為責任を認めると、担保責任等との関係をどのように解するか、注文者以外の者に対して不法行為責任を負うかが問題になることがある。従来は、これらの不法行為責任をめぐる問題につき議論があり、裁判例も分かれていたところであり、不法行為責任を否定する見解、厳格な要件の下に不法行為責任を肯定する見解、不法行為責任を肯定する見解等が提示されていた。このような状況において、最高裁は、後に紹介する［135］最二判平成19年7月6日民集61巻5号1769頁、判時1984号34頁において、建物の建築に携わる設計者、施工者、工事監理者は、建物の建築に当たり、契約関係にない居住者等に対する関係でも、建物としての基本的な安全性が欠けることがないように配慮すべき注意義務を負うと解するのが相当であるとの法理を一般的に明言し、注文者だけでなく、建物の居住者等に対して不法行為責任を負うとし、広く不法行為責任を肯定する見解を採ることを明らかにしている。この判例をめぐる経緯は後に紹介するが、この判例が提示する要件が抽象的に過ぎ、広く一般的に不法行為責任を認める根拠には疑問がある等の問題があるが、地裁、高裁の裁判官の常識に反するところがあるものの、この判例による法理が徐々に請負の実務に浸透しつつある。

比較的最近において建物の建築工事の請負人について瑕疵ある建物に係る不法行為責任が問題になった裁判例を順次紹介すると、次のようなものがある。

[127] 福岡高判平成11年10月28日判タ1079号235頁

Ｘは、平成５年５月、建築業者であるＹとの間で、代金1865万円で建物の建築請負契約を締結し、Ｙは、自ら建物を設計し、建物を完成し、Ｘに引き渡したが、Ｘが建物の瑕疵を指摘し、残代金の支払を拒絶し、Ｙが修補に応じなかったことから、ＸがＹに対して床の傾き、サッシの型枠の取付不良等の瑕疵を主張し、担保責任、不法行為に基づき損害賠償を請求したのに対し、Ｙが反訴として残代金の支払を請求した。

本件では、建物の瑕疵の有無・程度、担保責任の成否、不法行為の成否、損害が主として争点になった。

第一審判決は、本訴請求を一部認容し、反訴請求を全部認容したため、Ｙが控訴し、Ｘが附帯控訴した。

本判決は、建築工事の請負人は、故意によるか、又は瑕疵が居住者の健康等に重大な影響を及ぼすなど、反社会性、反倫理性が強い場合には、不法行為責任を負うとし、本件では不法行為は認められないとし、建物に瑕疵があり、修補工事代金、慰謝料（50万円）、弁護士費用（80万円）の損害を認め、原判決を変更し、Ｘの本訴請求を一部認容した。

[128] 福岡地判平成15年12月15日判タ1198号187頁

Ｘは、平成５年11月、大工Ｙとの間で、請負代金2090万円で２階建て建物の建築請負契約を締結し、Ｙが建物を完成し、引き渡したが、平成10年頃、本件建物の基礎にひび割れが生じ、本件建物が不同沈下していることが判明したため、ＸがＹに対して敷地の地盤対策が不十分であったと主張し、主位的に不法行為に基づき、予備的に担保責任に基づき損害賠償を請求した。

本件では、不同沈下の原因、不法行為の成否、担保責任の成否等が争点になった。

本判決は、不同沈下の原因は、Ｙが敷地に地盤対策を行うことなく基礎を築いたためであるとし、Ｙの不法行為を認め（補修工事費用、調査費用の損害を認めた)、請求を一部認容した。

[129] 福岡高判平成17年1月27日判タ1198号182頁

前記の［128］福岡地判平成15年12月15日判タ1198号187頁の控訴審判決であり、Yが控訴し、Xが附帯控訴した（Yは、新たに過失相殺を主張した)。

本件では、不同沈下の原因、不法行為の成否、担保責任の成否等が争点になった。

本判決は、Yが事犯調査をしなかったのは義務違反であるとし、不法行為を認めた上、民法722条2項の類推適用により、全損害額から4割を減じ、控訴に基づき原判決を変更し、請求を一部認容し、附帯控訴を棄却した。

[130] 長野地松本支部判平成18年5月10日判時1963号96頁

長野県北部地域において、平成7年7月、集中豪雨が発生し、大量の土砂が流出し、橋などが崩落する等の災害が発生し、Y_1（国)、Y_2県（長野県）は、土木業者であるY_3株式会社、Y_4有限会社等に対して災害復旧工事を発注し、工事が行われたところ、平成8年12月、災害復旧現場において土砂崩壊事故が発生し、Y_3や下請会社の土木作業員14名が死亡し、9名が重軽傷の傷害を負ったため、死亡したA、B、Cの遺族であるX_1、X_2らが発注者Y_1、Y_2に対して国家賠償責任、不法行為、施工業者Y_3、Y_4に対して不法行為、債務不履行に基づき損害賠償を請求した。

本件では、安全対策上の過失の有無、各責任の成否等が争点になった。

本判決は、本件事故の発生は予見不可能であった等とし、Y_1らの各責任を否定し、請求を棄却した。

[131] 東京地判平成20年3月12日判タ1295号242頁

X_1株式会社（代表者はX_3）は、海岸沿いにある土地上に事務所、倉庫を建築することを計画し、平成14年8月、Y株式会社との間で、敷地の造成、事務所等の建物の建築請負契約を締結し、平成14年12月、追加工事を発注し、Yは、建物を完成する等し、平成15年3月から4月頃、X_1に建物を引き渡し、その頃、X_2有限会社（代表者はX_3）に賃貸したところ、倉庫に雨漏り、湿気、カビが発生し、フェンスが傾いている等の瑕疵があり、X_3がYと補修等の交渉を行ったものの、解決しなかったため、X_1がYに対して、瑕疵担保責任、債務不履行責任、不法行為責任、X_2がYに対して不法行為責任に基づき損害賠償を請求するとともに、X_3がYに対して心労により肺結核に罹患したなどと主張し、不法行為責任に基づき損害賠償を請求した。

本件では、建物の瑕疵の有無・程度、各責任の成否、損害が争点になった。

本判決は、倉庫につき雨漏り、湿度の上昇、カビの繁殖の防止に向けて相当の配慮をした基本的な性能を備えることが契約の内容になっていたものであり、この基本的性能を満たさない瑕疵があるとし、個々の瑕疵につきＹの過失を認め、建替えは必要ではないものの、屋根、外壁等の雨漏り防止対策、防湿、防カビ対策の費用等を損害と認め、本件倉庫の利用者として想定される第三者との関係においても財産上の損害を被らないようする注意義務違反を認める等し、X_1、X_2の請求を認容し、X_3の請求を棄却した。

[132]　京都地判平成26年９月17日判時2249号72頁

X_1、X_2は、建築後100年以上を経過した木造建物（京町屋）を共有し、X_3株式会社は、本件建物で呉服店を経営していたところ、本件建物の北側に隣接する土地において、Y_1株式会社が本件土地を購入後、地上12階建ての鉄筋コンクリート造りのマンションの建築を計画し、平成18年２月、Y_2株式会社に旧建物の解体工事、本件マンションの建築工事を注文し、Y_2が掘削工事を行ったところ（X_1らとY_2は、平成18年５月、本件マンションの建築工事に関して、不同沈下、変形の発生を防止し、発生した損傷を補修すること等を合意したほか、X_1らとY_1らは、平成18年12月、本件マンション工事に起因して本件建物の聚楽壁に損傷を与え、その損傷が一見して判明する場合、Y_1が聚楽壁を修復し、その費用はY_2が負担する等の合意をした)、本件建物に不同沈下、変形が生じたため、X_1らがY_1らに対して共同不法行為に基づき損害賠償を請求した。

本件では、隣接建物の被害につき注文者と請負人の共同不法行為の成否等が争点になった。

本判決は、Y_2が採用した地盤硬化措置が奏功したとはいえず、本件建物の不同沈下、変形の具体的数値には有意差があり、掘削工事との因果関係が認められる等とし、Y_1は、Y_2に対し、隣接建物に何らかの損傷が生じるのを防止するよう適切な指示を与え、かつ、Y_2が採ろうとしている防止措置につき説明を受け、損傷防止に十分なものであることを確認した上で本件マンション建築工事につき注文又は指図すべきであったのにこれを行わなかった過失がある等とし、Y_1、Y_2の共同不法行為を認め（本件建物の不同沈下は複雑であり、一つの原因によるものとは認め難い等とし、工事の寄与率が２割であるとした)、請求を認容した。

[133]　東京地判平成27年６月26日判時2285号71頁

Ｘ株式会社、Ｙ株式会社は、ともに建築工事の設計、施工、請負等を業としていたところ、Ｘは、平成10年10月頃、Ａ株式会社から木造２階建ての建物の設計、施工を請け負い、Ｙに本件建築工事のうち基礎工事を発注し、Ｙは、これを請け負い、同年12月末頃までに基礎工事を完成し、引き渡し、Ｘは、本件建物の建築工事を完成し、平成11年３月、Ａに本件建物を引き渡し、Ａは、同年４月、Ｂに本件建物を売却したが、平成23年３月に発生した東日本大震災により、本件建物の敷地が液状化し、本件建物に不同沈下が発生し、ＢがＸに損害賠償を求めたことから、平成24年６月、ＸとＢは、Ｘが解決金1000万円を支払う等の内容で和解契約を締結したため、ＸがＹに対して不法行為に基づき損害賠償を請求した。

本件では、地震による敷地の液状化に係る不法行為責任の成否等が争点になった。

本判決は、建物の建築に関して下請人の過失により建物の基本的な安全性を損なう瑕疵が生じた場合、元請人は施主又は居住者等から不法行為に基づく損害賠償を追及される可能性があり、自ら関与しない下請人の所為によって経済的な負担を強いられないという利益は不法行為法上法的保護の対象になるとし、本件では本件建物の基礎の状態から建物の基本的な安全性を損なう瑕疵があるとはいえない等とし、請求を棄却した。

建物の建築工事の請負人が建物の瑕疵につき不法行為責任を負うか、注文者以外の者（例えば、瑕疵ある建物の転売の買主、居住者）に対して不法行為責任を負うかが問題になった事案と一連の判決を紹介したい。これらの判決は裁判の在り方からみても興味深いものであるが、請負人にとっては従来の法理、判例に照らすと、一層重い注意義務を負わせるものであり、建物の建設請負の実務上十分に注意を払うべき課題である。

法律雑誌に最初に公表されたのは、控訴審の判決であるが、次のような事案に関する判決がある。

[134] 福岡高判平成16年12月16日判タ1180号209頁

Ａは、昭和63年10月、建築業者であるY_1株式会社との間で、工事代金３億6100万円で９階建ての賃貸用マンション（９階建て部分と３階建て部分が接続された構造の建物）の建築請負契約を締結し、Y_2株式会社との間で設計、工事監理の委託契約を締結し、建物が完成し、Y_1は、平成２年３月、Ａに本件建物を引き渡したが、その後、X_1、X_2は、平成２年５月、Ａから本件建物、その敷地をＡから約５億6200万円で購入したところ（X_1の持分４分の１、X_2の持分４分の３）、X_1らは、本件建物には廊下、バルコニー、ピロティの梁、壁等のひび割れ、鉄筋の露出、鉄筋等の耐力の低下等の瑕疵があると主張し、

Y_1に対して担保責任、不法行為、Y_2に対して不法行為に基づき補修費用、逸失利益等の損害賠償を請求した。

本件では、瑕疵の有無・程度、建築業者の担保責任の成否、不法行為責任の成否、建築士事務所の不法行為責任の成否等が争点になった。

第一審判決は、X_1らの主張に係る瑕疵の一部を認め、Ａの有していた瑕疵担保責任履行請求権がX_1らとの売買契約上の特約によってX_1らに譲渡され、Y_1もこれを承諾したが、契約約款23条の規定に基づき、故意又は重大な過失があるとはいえないとし、瑕疵担保責任を否定したものの、Y_1、Y_2の不法行為を認め、請求を一部認容したため、X_1ら、Y_2らが控訴した。

本判決は、請負人には瑕疵担保責任の成立以外に当然に不法行為責任が問題になるわけではなく、その違法性が強度である場合に限られる等とし、Y_1らの控訴に基づき、原判決中Y_1らの敗訴部分を取り消し、X_1らの請求を棄却し、X_1らの控訴を棄却した。

この控訴審の判決の上告審判決は、従来見られなかった建物建築の請負人の注意義務とこれを内容とする法理を提示したものである。

[135] 最二判平成19年７月６日民集61巻５号1769頁、判時1984号34頁

前記の［134］福岡高判平成16年12月16日判タ1180号209頁の上告審判決であり、X_1らが上告受理を申し立てた。

本件では、瑕疵の有無・程度、建築業者の担保責任の成否、不法行為責任の成否、建築士事務所の不法行為責任の成否等が争点になった。

本判決は、建物の建築に携わる設計者、施工者、工事監理者は、建物の建築に当たり、契約関係にない居住者等に対する関係でも、建物としての基本的な安全性が欠けることがないように配慮すべき注意義務を負うと解するのが相当である等とし、原判決中X_1らの不法行為に基づく損害賠償請求に関する部分を破棄し、本件を福岡高裁に差し戻した。

「⑴　建物は、そこに居住する者、そこで働く者、そこを訪問する者等の様々な者によって利用されるとともに、当該建物の周辺には他の建物や道路等が存在しているから、建物は、これらの建物利用者や隣人、通行人等（以下、併せて「居住者等」という。）の生命、身体又は財産を危険にさらすことがないような安全性を備えていなければならず、このような安全性は、建物としての基本的な安全性というべきである。そうすると、建物の建築に携わる設計者、施工者及び工事監理者（以下、併せて「設計・施工者等」という。）は、建物の建築に当たり、契約関係にない居住者等に対する関係でも、当該建物に建物としての基本的な安全性が欠けることがないように配慮すべき注意義務を負うと解するのが相当である。そして、設計・施工者等がこの義務を怠ったために建築された建物に建物としての基本的な安全性を損なう瑕疵があり、それにより居住者等の生命、身体又は財産が侵害された場合には、設計・施工者等は、不法行為の成立を主張する者が上記瑕疵の存在を知りながらこれを前提として当該建物を買い受けていたなど特段の事情がない限り、これによって生じた損害について不法行為による賠償責任を負うというべきである。居住者等が当該建物の建築主からその譲渡を受けた者であっても異なるところはない。

(2) 原審は、瑕疵がある建物の建築に携わった設計・施工者等に不法行為責任が成立するのは、その違法性が強度である場合、例えば、建物の基礎や構造く体にかかわる瑕疵があり、社会公共的にみて許容し難いような危険な建物になっている場合等に限られるとして、本件建物の瑕疵について、不法行為責任を問うような強度の違法性があるとはいえないとする。しかし、建物としての基本的な安全性を損なう瑕疵がある場合には、不法行為責任が成立すると解すべきであって、違法性が強度である場合に限って不法行為責任が認められると解すべき理由はない。例えば、バルコニーの手すりの瑕疵であっても、これにより居住者等が通常の使用をしている際に転落するという、生命又は身体を危険にさらすようなものもあり得るのであり、そのような瑕疵があればその建物には建物としての基本的な安全性を損なう瑕疵があるというべきであって、建物の基礎や構造く体に瑕疵がある場合に限って不法行為責任が認められると解すべき理由もない。」

この最高裁の判決は、建物の建築に携わる設計者、施工者、工事監理者は、建物の建築に当たり、契約関係にない居住者等に対する関係でも、建物としての基本的な安全性が欠けることがないように配慮すべき注意義務を負うとの法理を一般的に明言するものであるが、この判決の要件が抽象的に過ぎること、請負人らの不法行為責任が広過ぎること、広範な不法行為責任を認める根拠が不明であり、十分でないこと等の疑問があるし、日常的に同様な訴訟を担当する地裁、高裁の常識にかけ離れたところがあるものである。

差し戻された控訴審判決は、この最高裁の判決を踏まえながらも、最高裁が提示した要件の該当性を否定し、いささかの反抗を試みたが、これが次の裁判例である。

[136] 福岡高判平成21年２月６日判時2051号74頁

前記の［135］最二判平成19年７月６日民集61巻５号1769頁、判時1984号34

頁の差戻控訴審判決である。

本判決は、建物としての基本的な安全性を損なう瑕疵があり、それにより居住者等の生命、身体又は財産が侵害されたものということはできないとし、Y_1らの控訴に基づき、原判決中、Y_1らの敗訴部分を取り消し、請求を棄却した。

この控訴審判決も納得できるところであるが、再度、上告審判決は、いささか怒りを込めた判断を次のように示したものである。

[137] 最一判平成23年７月21日判時2129号36頁

前記の［136］福岡高判平成21年２月６日判時2051号74頁の上告審判決であり、Ｘが上告受理を申し立てた。

本判決は、前記の［135］最二判平成19年７月６日民集61巻５号1769頁、判時1984号34頁を引用し、本件建物には建物としての基本的な安全性を損なう瑕疵があるとし、原判決を破棄し、本件を福岡高裁に差し戻した。

「⑴　第一次上告審判決にいう「建物としての基本的な安全性を損なう瑕疵」とは、居住者等の生命、身体又は財産を危険にさらすような瑕疵をいい、建物の瑕疵が、居住者等の生命、身体又は財産に対する現実的な危険をもたらしている場合に限らず、当該瑕疵の性質に鑑み、これを放置するといずれは居住者等の生命、身体又は財産に対する危険が現実化することになる場合には、当該瑕疵は、建物としての基本的な安全性を損なう瑕疵に該当すると解するのが相当である。

⑵　以上の観点からすると、当該瑕疵を放置した場合に、鉄筋の腐食、劣化、コンクリートの耐力低下等を引き起こし、ひいては建物の全部又は一部の倒壊等に至る建物の構造耐力に関わる瑕疵はもとより、建物の構造耐力に関わらない瑕疵であっても、これを放置した場合に、例えば、外壁が剥落して通行人の上に落下したり、開口部、ベランダ、階段等の瑕疵により建物の利用者が転落したりするなどして人身被害につながる危険があるときや、漏水、有害物質の発生等により建物の利用者の健康や財産が損なわれる危険があるときには、建物としての基本的な安全性を損なう瑕疵に該当するが、建物の美観や居住者の居住環境の快適さを損なうにとどまる瑕疵は、これに該当しないものというべきである。

⑶　そして、建物の所有者は、自らが取得した建物に建物としての基本的な安全性を損なう瑕疵がある場合には、第一次上告審判決にいう特段の事情がない限り、設計・施工者等に対し、当該瑕疵の修補費用相当額の損害賠償を請求す

ることができるものと解され、上記所有者が、当該建物を第三者に売却するなどして、その所有権を失った場合であっても、その際、修補費用相当額の補填を受けたなど特段の事情がない限り、一旦取得した損害賠償請求権を当然に失うものではない。」

なお、建物の建設工事の請負における不法行為責任は、請負契約の請負人だけでなく、設計・監理を受任する建築士、建築事務所の不法行為責任も独立して、あるいは請負人と併存的に問題になるが、建築士の責任については、最高裁の判例によって厳格な責任が認められていることに注意が必要である。

[138] 最二判平成15年11月14日民集57巻10号1466頁、判時1842号38頁

B株式会社は、建売住宅の建築、販売を企画し、建築士事務所であるY有限会社（代表者は、一級建築士A）に設計図書の作成を依頼し、建築確認手続の代行を委託し、C市においては建築主に建築確認の段階で工事監理者を定め、申請書に記載すべきことを指導していたことから、BがAにAを工事監理者として記載しておいてほしい旨を要請し、Aがこれを承諾し（なお、A又はYとBとの間では工事監理契約が締結されておらず、その後も締結されたことはなかった)、建築確認を受けた後、Bが住宅を建築し、Xに敷地とともに売却したところ、設計図書を無視した工事が施工されており、建築基準法所定の構造耐力を有しない重大な瑕疵があったため、XがBに対して売買契約の解除による代金の返還、瑕疵担保責任、不法行為に基づく損害賠償を請求するとともに、Yに対して不法行為に基づき損害賠償を請求した。

第一審判決は、Bに対する請求を全部認容したものの、Yに対する請求については、建築確認書の記載のみからAが工事監理者としての業務を誠実に遂行すべき義務を負っていたと認めることはできない等とし、請求を棄却したため、Xが控訴した（Bとの関係では判決が確定した)。

控訴審判決（大阪高判平成12年８月30日判タ1047号221頁）は、Aが工事監理者であることを表明して建築確認を得させた一級建築士としては、Bが実質上工事監理者がいないような状態で工事をしないよう配慮すべきであり、その配慮を欠く場合には、建築士法18条１項の誠実義務に違反するとし、Yの不法行為を認め、同義務違反との相当因果関係のある損害の範囲は、本件ほどの著しい手抜き工事が行われるのはあまり例のない事態であり、必ずしも容易に予見できたとまでは言い難い等とし、Xが被った損害の１割の限度で損害を認め、請求を認容したため、Yが上告受理を申し立てた。

本判決は、建築士はその業務を行うに当たり、建築物を購入しようとする者に対する関係において、建築士法３条から３条の３まで等の各規定による規制の潜脱を容易にする行為等、その規制の実効性を失わせるような行為をしてはならない法的義務があり、故意又は過失によりこれに違反する行為をした場合には、不法行為に基づき損害賠償責任を負うとし、本件ではＹの不法行為を認め、上告を棄却した。

なお、大阪高判平成元年２月17日判時1323号68頁、大阪地判平成10年７月29日金融・商事判例1052号40頁も参考になる。

14 改正民法の時間的な適用範囲

改正民法は、公布されているものの、現在、いつから施行されるかは明らかではなく、今後、政令によって、公布の日から起算して３年を超えない範囲内で定められることになっている（改正民法附則１条）。

改正民法が施行日を迎えた場合、改正民法が請負契約等の契約の交渉、成立、履行、不履行、損害賠償、解除等の多くの事項について、いつの時点から適用されるかが問題になる。改正民法が施行日の前の契約に関する出来事に適用されるのか、施行日以後の出来事に適用されるのか、適用されるとして契約のどの段階の出来事に適用されるかは、意外と困難な問題になることがあるし、重要な意義をもつこともある。

改正民法は、附則においてこのような事項を定めているが、施行の前後には関心がもたれても、施行後時間の経過とともに意識が薄れ、忘れられることが通常である。しかし、改正民法の時間的な適用を誤ると、民法の適用を誤るという悲惨な結果を招きかねないものである。

最後に、改正民法の附則を概観し、改正民法の時間的な適用関係を紹介しておきたい。

施行日前に締結された契約については、改正民法の附則には、次のように定められている。

【改正民法】附則

（贈与等に関する経過措置）

第34条 施行前に贈与、売買、消費貸借（旧法第589条に規定する消費貸借の予約を含む。）、使用貸借、賃貸借、雇用、請負、委任、寄託又は組合の各契約が締結された場合におけるこれらの契約及びこれらの契約に付随する買戻しその他の特約については、なお従前の例による。

２　前項の規定にかかわらず、新法第604条第２項の規定は、施行日前に賃貸借契約が締結された場合において施行日以後にその契約の更新に係る合意がされるときにも適用する。

３　第１項の規定にかかわらず、新法第605条の４の規定は、施行日前に不動産の賃貸借契約が締結された場合において施行日以後にその不動産の占有を第三者が妨害し、又はその不動産を第三者が占有しているときにも適用する。

附則34条１項が請負契約に適用されるが、施行日前に締結された請負契約については、従前の例によるとされていることから、現行民法の請負に関する規定が適用されることになる。

そのほか、留意すべき附則としては、債務不履行の責任等に関する附則17条、保証債務に関する附則21条、債務の引受けに関する附則23条、相殺に関する附則26条、契約の成立に関する附則29条、契約の効力に関する附則30条、契約の解除に関する附則32条がある。

《参考資料》昭和時代の関連判例・裁判例

本書では本文において、最高裁の判例と平成年代における裁判例を紹介しているが、参考として、昭和時代（第二次世界大戦以降）の裁判例（いくつかの判例を含む）もいくつかの類型に分けて紹介しておきたい。

建設工事の請負は、この間、民法の規定は同じであっても、その背景である社会事情、経済状況、人々の意識・常識、工事の対象となる建物、施設等の種類・規模、取引の実情は大きく変化しており、比較的年月の経過した古い時代の裁判例がそのまま参考になるとはいい難いところがあるが、民法の解釈、法理とか、裁判官のものの考え方は現代社会においても大いに参考になるものである。事案に応じて古い時代の裁判例も参考にされたい。なお、参考裁判例の類型の基準である争点は、個々の裁判例の主要な争点であり、個々の裁判例ごとに他にもいくつかの争点があることに留意されたい。

【参考裁判例】

まず、請負契約の成否が争点になった裁判例としては、次のようなものがある。

東京地判昭和25年８月10日下民集１巻８号1243頁（業法違反の請負契約の成立が認められた事例） 東京地判昭和48年７月16日判時726号63頁（具体的な報酬額が未定の請負契約の成立が認められた事例） 東京高判昭和54年７月31日判時938号35頁 浦和地判昭和59年12月27日判タ552号191頁 東京地判昭和60年９月17日判タ616号88頁

【参考裁判例】

請負契約の特約等の解釈が争点になった裁判例としては、次のようなものがある。

東京地判昭和36年５月10日下民集12巻５号1032頁 東京高判昭和46年２月25日判時624号42頁、判タ263号297頁

東京地判昭和47年６月１日判時684号73頁
高松高判昭和48年８月８日判時722号72頁、判タ300号224頁
横浜地判昭和50年２月７日判時792号73頁
東京高判昭和52年６月７日判時861号66頁
東京高判昭和54年４月19日判時934号56頁、判タ392号77頁
仙台高判昭和55年８月18日判時1001号59頁、判タ426号137頁
東京高判昭和56年１月29日判タ437号112頁

【参考裁判例】

請負契約が成立し、仕事の完成が争点になった裁判例としては、次のようなものがある。

東京高判昭和36年12月20日判時295号28頁（最後の工程の一応の終了）
東京地判昭和57年４月28日判時1057号94頁、判タ478号77頁（予定された最後の工程の終了）
東京高判昭和59年７月25日判時1126号36頁
大阪地判昭和59年11月30日判タ546号151頁
大阪高判昭和59年12月14日判タ549号187頁
山形地新庄支部判昭和60年２月28日判時1169号133頁
大阪高判昭和61年12月９日判タ640号176頁

【参考裁判例】

請負契約が成立した後、仕事が完成したと主張し、報酬の支払請求をし、主として請求の当否が争点になった裁判例としては、次のようなものがある。

東京地判昭和34年４月24日下民集10巻４号815頁
東京地判昭和34年９月23日判時203号19頁（僅少な未完成部分）
最三判昭和38年２月12日裁判集民事64号425頁（僅少な未完成部分）
福岡地判昭和45年２月25日判タ253号294頁
千葉地佐倉支部判昭和47年２月８日判時679号57頁
東京高判昭和51年６月29日金融・商事判例513号40頁（軽微な瑕疵部分）

東京地判昭和54年８月27日判タ400号176頁
東京高判昭和55年12月25日判時994号45頁、判タ436号129頁
東京地判昭和58年６月８日判タ516号135頁
東京高判昭和58年12月20日判タ523号160頁
東京高判昭和59年３月29日判時1115号99頁

【参考裁判例】

昭和年代においても、請負をめぐる紛争においては、仕事の目的物の瑕疵の有無・程度が争点になる裁判例が多いが、主としてこれが争点になった裁判例としては、次のようなものがある。

東京地判昭和30年10月28日下民集６巻10号2275頁
東京高判昭和36年12月20日判時295号28頁
東京高判昭和44年２月10日判時555号50頁
東京地判昭和44年３月８日判時564号56頁
大阪地判昭和44年９月２日判時587号60頁
東京地判昭和47年２月29日判時676号44頁、判タ286号261頁
東京高判昭和48年９月21日判時724号35頁
名古屋高判昭和49年11月27日判時774号80頁
東京高判昭和51年３月11日判時818号54頁
東京地判昭和51年９月29日判時829号27頁
東京地判昭和52年７月11日判時879号101頁
名古屋地判昭和54年６月22日判タ397号102頁
東京地判昭和55年３月13日判タ424号142頁
大阪地判昭和57年５月27日判タ477号154頁
大阪高判昭和58年10月27日判時1112号67頁、判タ524号231頁
大阪地判昭和59年12月26日判タ548号181頁
名古屋地判昭和60年５月23日判タ562号136頁
福岡地判昭和61年７月16日判タ637号155頁
大阪地判昭和62年２月18日判時1323号68頁、判タ646号165頁
神戸地判昭和63年５月30日判時1297号109頁、判タ691号193頁

【参考裁判例】

本文でも触れたところであるが、請負人の担保責任と債務不履行責任の関係が一応問題になり得るところ、これが争点になった裁判例としては、次のようなものがある。

大阪地判昭和42年4月4日判時495号72頁 東京高判昭和47年5月29日判時668号49頁 横浜地判昭和50年5月23日判タ327号236頁 大阪地判昭和57年5月27日判タ477号154頁

【参考裁判例】

現行民法においては、瑕疵修補請求権と損害賠償請求権との関係が問題にされることがあり（現行民法635条）、これが争点になった裁判例としては、次のようなものがある。

最二判昭和52年2月28日金融・商事判例520号19頁 最三判昭和54年3月20日判時927号184頁、判タ394号60頁 東京地判昭和55年11月26日判時999号78頁 東京高判昭和56年5月21日判時1010号47頁、判タ450号109頁

【参考裁判例】

請負代金の支払と担保責任の同時履行については、これが争点になった裁判例としては、次のようなものがある。

東京地八王子支部判昭和38年4月18日判タ147号114頁 東京地判昭和43年9月6日判時557号246頁 東京地判昭和45年10月30日判時620号58頁 東京地判昭和49年2月7日判時749号78頁

【参考裁判例】

請負人からの報酬の支払請求がされた場合、注文者が仕事の目的物の瑕疵を理由に損害賠償請求権を行使し、これとの相殺が主張されることがあるが、相殺の当否が争点になった裁判例としては、次のようなものがある。

最一判昭和51年３月４日民集30巻２号48頁、判時849号77頁 札幌高判昭和51年８月23日判タ349号232頁 東京高判昭和52年５月９日判時858号62頁、判タ362号245頁 東京高判昭和52年９月５日判時869号46頁、判タ366号253頁 最一判昭和53年９月21日判時907号54頁、判タ371号68頁 最一判昭和53年11月30日判時914号51頁 最三判昭和54年３月20日判時927号186頁、判タ394号61頁 東京地判昭和59年３月26日判時1141号99頁 山形地新庄支部判昭和60年２月28日判時1169号133頁

【参考裁判例】

請負人の担保責任に基づく損害賠償責任については、損害額算定の基準時が争点になることがあるが、これに関する裁判例としては、次のようなものがある。

最二判昭和36年７月７日民集15巻７号1800頁（修補請求時） 最二判昭和54年２月２日判時924号54頁、判タ396号77頁（損害賠償請求時） 東京地判昭和55年４月24日判時981号84頁（瑕疵認識時）

【参考裁判例】

請負契約においては違約金に関する特約が締結されていることが通常であるが、違約金特約をめぐる裁判例としては、次のようなものがある。

東京地判昭和50年７月16日金融・商事判例491号39頁 仙台高判昭和55年８月18日判時1001号59頁、判タ426号137頁 東京高判昭和56年１月29日判タ437号112頁

【参考裁判例】

損害賠償を請求する場合には、過失相殺、損益相殺が問題になることが少なくないが、請負人の担保責任に基づく損害賠償において過失相殺の可否・当否が争点になった裁判例としては、次のようなものがある。

東京高判昭和52年11月30日判時879号83頁

【参考裁判例】

請負においては、注文者の解除権（現行民法641条）が認められており、実際にも注文者が解除することがあるが、注文者の解除が争点になった裁判例としては、次のようなものがある。

東京高判昭和30年３月８日判タ49号63頁
福岡地判昭和36年８月31日下民集12巻８号2166頁
東京高判昭和43年１月30日下民集19巻１・２号17頁
広島地判昭和44年７月11日判時576号75頁
福岡地判昭和45年９月９日判時624号70頁
東京地判昭和47年５月23日判時681号50頁
東京高判昭和47年６月28日判タ282号335頁
東京高判昭和48年６月25日判時710号59頁
大阪高判昭和55年８月８日判タ429号122頁
東京地判昭和58年３月18日判タ500号184頁
京都地判昭和58年10月６日判時1108号119頁
福岡地判昭和58年11月25日判タ525号181頁
神戸地判昭和59年２月20日判タ527号149頁
東京高判昭和59年11月28日判時1138号85頁
東京高判昭和60年５月28日判時1158号200頁
名古屋高判昭和63年９月29日金融・商事判例811号15頁

【参考裁判例】

請負契約が解除され、仕事の目的物が可分であるような場合、解除の効力が全体に生じるか、未履行の可分の範囲で生じるか等、解除の範囲が争点になることがあるが、このような裁判例としては、次のようなものがある。

東京地判昭和45年11月４日判時621号49頁
東京地判昭和48年７月27日判時731号47頁

大阪地判昭和49年２月15日金融・商事判例426号13頁
札幌地小樽支部判昭和52年３月23日判時874号79頁
札幌高判昭和52年３月30日判タ355号297頁
最三判昭和52年12月23日判時879号73頁
札幌高判昭和54年４月26日判タ384号134頁
大阪地判昭和59年11月30日判タ546号151頁

【参考裁判例】

現行民法635条による請負契約の解除については、同条ただし書において制限（土地の工作物）が加えられているが、これが争点になった判例としては、次のようなものがある。

最一判昭和39年９月24日裁判集民事75号409頁

【参考裁判例】

注文者が請負人の担保責任を追及する場合には、権利行使につき期間制限が設けられているが（現行民法637条、638条）、これが争点になった裁判例としては、次のようなものがある。

大阪地判昭和42年４月４日判時495号72頁
東京地判昭和44年４月15日判時566号66頁
東京地判昭和51年５月10日判時841号65頁
大阪高判昭和53年10月26日判時920号133頁
名古屋高判昭和57年６月９日判時1051号99頁
東京地判昭和59年３月26日判時1141号99頁
東京地判昭和60年２月15日判時1189号62頁
福岡地判昭和61年10月１日判時1233号123頁

【参考裁判例】

請負に係る工事が施工されている間、様々な理由と経緯で工事が途中で放棄されることがあるが（合意解除、請負人の解除を含む）、これらが争点になった裁判例としては、次のようなものがある。

大阪地判昭和41年１月19日判タ189号175頁 岡山地判昭和46年１月18日判時625号90頁 東京地判昭和46年５月１日判タ266号239頁 東京地判昭和46年12月23日判時655号58頁 札幌地判昭和51年２月26日判時825号84頁、判タ342号309頁 東京地判昭和51年３月19日判時840号88頁 東京地判昭和51年４月９日判時833号93頁 福岡高判昭和55年６月24日判時983号84頁、判タ426号128頁 東京高判昭和58年７月10日判時1086号101頁 最二判昭和60年５月17日判時1168号58頁、判タ569号48頁

【参考裁判例】

請負契約が締結されたものの、工事が着工される前に債務不履行が問題になった場合、どのような法的な責任が生じ得るかをめぐる裁判例としては、次のようなものがある。

東京地判昭和47年７月７日判時688号76頁 東京地判昭和51年12月23日判時863号76頁 最三判昭和56年２月17日判時996号61頁、判タ438号91頁

【参考裁判例】

請負契約が締結されたものの、工事等の履行不能が問題になることがあるが、履行不能をめぐる裁判例としては、次のようなものがある。

東京高判昭和48年２月27日判時702号68頁、判タ302号199頁 東京高判昭和49年７月18日判時755号61頁、判タ315号230頁 最三判昭和52年２月22日民集31巻１号79頁、判時845号54頁、判タ347号171頁 大阪地判昭和56年１月29日判タ452号143頁

【参考裁判例】

請負契約上の債務不履行が問題になる場合、請負人の債務不履行が議論されることが多いが、注文者の債務不履行が問題になり得ることはいうまでもなく、注文者の債務不履行が争点になった裁判例としては、次のようなものがある。

名古屋地判昭和53年12月26日判タ388号112頁

【参考裁判例】

請負人の担保責任については、様々な内容の特約が利用されるが、免責特約等の効力が争点になった裁判例としては、次のようなものがある。

最一判昭和49年３月28日金融法務事情718号32頁

【参考裁判例】

建設工事の請負契約においては工事完成保証が利用されることがあるが、工事完成保証が争点になった裁判例としては、次のようなものがある。

札幌高判昭和37年９月15日訟務月報８巻12号1763頁
最一判昭和47年３月23日民集26巻２号274頁、判時663号57頁
東京地判昭和52年８月30日判時880号46頁
水戸地判昭和58年９月30日判時1108号125頁、判タ512号153頁

【参考裁判例】

建設工事の請負契約においては、紛争が発生した場合の解決方法・手続等について特約が締結されていることが少なくなく、その特約の中には仲裁合意もあるが、仲裁合意の成否・適用が争点になった裁判例としては、次のようなものがある。

大阪高判昭和51年３月10日判時829号60頁、判タ339号287頁
東京地判昭和55年６月26日判時998号79頁、判タ431号118頁

【参考裁判例】

建設工事の施工に当たっては、下請け、孫請け等が利用されることが多く、注文者、元請人との間の法律関係が問題になることが少なくなく、そのような問題の一つとして債務引受が問題になることがあるが、これが争点になった裁判例としては、次のようなものがある。

東京地判昭和55年４月24日判時984号79頁（請負人の孫請人に対する債務引受）

判例索引（年代順）

著者略歴

升田　純（ますだ　じゅん）
弁護士・中央大学法科大学院教授

1950年島根県安来市生まれ。73年司法試験合格、国家公務員試験上級甲種合格。74年京都大学法学部卒。同年農林省入省。75年司法研修所入所。77年から地方裁判所・高等裁判所の判事を歴任。途中、法務省参事官などをへて、97年判事を退官。同年より弁護士および聖心女子大学教授。04年から現職。

主な著作としては
『自然災害・土壌汚染等と不動産取引』大成出版社，2014
『名誉毀損の百態と法的責任』民事法研究会，2014
『民事判例の読み方・学び方・考え方』有斐閣，2013
『現代取引社会における継続的契約の法理と判例』日本加除出版，2013
『インターネット・クレーマー対策の法理と実務』民事法研究会，2013
『変貌する銀行の法的責任』民事法研究会，2013
『風評損害・経済的損害の法理と実務（第２版）』民事法研究会，2012
『不動産取引における契約交渉と責任』大成出版社，2012
『平成時代における借地・借家の判例と実務』大成出版社，2011
『マンション判例で見る標準管理規約』大成出版社，2011
『警告表示・誤使用の判例と法理』民事法研究会，2011
『判例にみる損害賠償額算定の実務〔第２版〕』民事法研究会，2011
『一般法人・公益法人の役員ハンドブック』民事法研究会，2011
『最新 PL 関係判例と実務〔第２版〕』民事法研究会，2010
『風評損害・経済的損害の法理と実務』民事法研究会，2009
『モンスタークレーマー対策の実務と法』共著，民事法研究会，2009

『現代社会におけるプライバシーの判例と法理』青林書院，2009
『実務民事訴訟法（第四版）』民事法研究会，2008
『要約マンション判例155』学陽書房，2009
『裁判例からみた内部告発の法理と実務』青林書院，2008
『名誉毀損・信用毀損の法律相談』青林書院，2004
『大規模災害と被災建物をめぐる諸問題』法曹会，1996

他、著書・論文多数

民法改正と請負契約（建設請負業者への影響）
—100年振りの改正—

2017年10月30日　第１版第１刷発行

著　升田　純

発行者　箕浦文夫

発行所　株式会社大成出版社
東京都世田谷区羽根木１—７—11
〒156-0042 電話03(3321)4131(代)
http://www.taisei-shuppan.co.jp/

印刷　信教印刷

ISBN978-4-8028-3307-3